Stefan Städtler-Ley

Als in Nürnberg die Kaiserkrone verschwand

Raubkunst, Kunstbergung
und eine unglaubliche Geschichte aus
den letzten Tagen des 2. Weltkriegs

Originalausgabe
Städtler-Ley, Stefan
Als in Nürnberg die Kaiserkrone verschwand
Raubkunst, Kunstbergung
und eine unglaubliche Geschichte aus den letzten Tagen des 2. Weltkriegs

Coverillustration: Bildzitat historischer Stadtplan (bearbeitet von W. Hepprich; mit freundlicher Genehmigung des Fördervereins Nürnberger Felsengänge e.V.)
Illustrationen: Susanne Habermann
Lektorat: Dr. Martin Baumeister
Herausgegeben von Stefan Städtler-Ley
Fotos, Satz und Layout: sagasatz im *g&s verlag*
Druck und Bindung: Nordmann Druck Jerusalem

Die Deutsche Nationalbibliothek verzeichnet diese Publikation in der Deutschen Nationalbibliografie; detaillierte bibliografische Daten sind im Internet über http://dnb.d-nb.de abrufbar.

ISBN 978-3-945314-11-1
geb. VK 14,90 € [D]

Inhalt

Vorwort

Kunstbergung, Raubkunst, Diebstahl … die Nationalsozialisten rafften kulturelle Güter aus ganz Europa zusammen. Um diese vor Kriegsfolgen zu schützen, erbaute man im Verlauf des Zweiten Weltkriegs »Kunstbergungsanlagen«. Einige noch 1944/45, als der Krieg militärisch schon längst verloren war. Im vorliegenden Buch wird viel von der »Kunstbergungsanlage« des Nazi-Regimes in Nürnberg die Rede sein. Sie wird in vielen Publikationen zum Thema beinahe sträflich vernachlässigt. Das ist auf den ersten Blick schwer nachzuvollziehen, befanden sich dort doch einige, um die Worte der damaligen Machthaber zu benutzen, unersetzliche, schützenswerte Werke. Aber die Nürnberger Anlage ist im Vergleich zu den größeren, spektakulären Bergungsorten, etwa in diversen Bergwerken tief unter der Erde oder auch im Schloss Neuschwanstein, kleiner und weniger Aufsehen erregend. Auch dass sie zunächst ohne direkten Befehl aus Berlin errichtet wurde, also eine städtische Anlage war, spielt bei der Wahrnehmung sicher eine Rolle. Das geht so weit, dass man in eigentlich durchaus seriösen Publikationen zum Thema sogar den Fehler begeht, die berühmten »Reichskleinodien« des *Heiligen Römischen Reiches* in Aachen zu verorten, wo in Wahrheit aber nur Kopien vorhanden waren. Die unten stehende Zeichnung basiert auf einem Foto, das im Internet weit verbreitet ist und meines Wissens wird nie darauf hingewiesen, dass es sich bei den Gegenständen mit denen sich der GI da schmückt, nicht um die Originale handelt.

Erzählt wird im folgenden eine unglaubliche Geschichte, die sich im »Kunstbunker« in Nürnberg in den letzten Kriegstagen zugetragen hat. Eine »Räuberpistole«, die man sich so gar nicht ausdenken könnte. Eine »False-Flag« Aktion, hohe Beamte, die SS – das sind die filmreifen Zutaten (leider ist in dem Film »Monuments Men« von George

Clooney davon nicht die Rede). Daneben gibt es viele Informationen zur Kunstbergung im allgemeinen und insbesondere in Nürnberg. Sie, liebe:r Leser:in werden einiges über die berühmtesten Lagerstätten erfahren, über die notwendige Technik, die Monuments Men, die Pro- (oder Anta-) -gonisten in Nürnberg, aber auch speziell über einige besonders interessante Gegenstände, die im Nürnberger Kunstbunker verborgen waren. Begleiten Sie uns bei einer spannenden Reise in die Geschichte!

Zirndorf, im Sommer 2023
Stefan Städtler-Ley

Der Diebstahl

30. März 1945

Seit dem 2. Januar 1945 lag Nürnberg in Schutt und Asche. Die Altstadt war zu mehr als 90% zerstört. Der Krieg fand längst nicht mehr nur an der Front statt. Luftangriffe trafen jede beliebige Stadt in Deutschland und die Alliierten waren nicht zimperlich.

»Wir müssen alles zerstören, um wenigstens etwas zu zerstören« ist die Doktrin. Auf Seiten der Briten spielte unzweifelhaft auch Rache für die fürchterlichen Angriffe der deutschen Luftwaffe auf zivile Ziele in London und Südengland sowie der Einsatz der neuartigen V2 Raketen eine Rolle. Deutsche Städte waren nach ihrer »Brennbarkeit« katalogisiert (im »Bomber's Baedecker«). 1943 kippte die Situation im Krieg endgültig und völlig. Die Invasionspläne für England waren schon 1940, nach der Niederlage in der Luftschlacht um Britannien, ad acta gelegt worden. Die deutsche Niederlage zeichnete sich ab. Dann ging der U-Boot Krieg verloren, die Truppen der Alliierten landeten in Italien und am 6. Juni 1944 schließlich: D-Day, die Landung der alliierten Truppen in der Normandie.

Ab 1943 häuften sich die Angriffe auf zivile Ziele weit im deutschen Hinterland, um den Widerstandswillen der deutschen Bevölkerung zu brechen und den Krieg damit zu verkürzen. Ob das Bombardement von Wohngebieten tatsächlich ein Mittel ist, um militärische Konflikte zu beenden, sei dahingestellt. Mutmaßlich schürt derartiges eher die Abneigung oder den Hass auf die Kriegsgegner.

Der 30. März 1945, Karfreitag, war ein regnerischer, kühler Tag. Feiertäglicher Stimmung war niemand im zerstörten Nürnberg. Straßenbeleuchtung gab es schon seit Wochen nicht mehr, Wasser- und Stromversorgung war nur noch ansatzweise vorhanden. Zwischen den Häuserruinen gingen ängstliche, vielfach obdachlose Menschen auf der Suche nach Essen und einem warmen Platz zum Unterschlüpfen umher. Für die Einwohner von Nürnberg ging es oft ums nackte Überleben – nicht nur während die Bomben fielen.

Der letzte große Luftangriff der Alliierten lag 14 Tage zurück, aber jeder wusste: es wird nicht der letzte gewesen sein. Tatsächlich erfolgte noch am 11. April ein Bombardement der Stadt – nur 5 Tage bevor die US-Army einmarschierte. Ende März 1945 glaubte kaum noch jemand an die Durchhalteparolen der nationalsozialistischen Machthaber. Am 30. Januar hatte der »Führer« seine letzte Rundfunkrede gehalten und zu Opfer- und Durchhaltebreitschaft aufgerufen, von der kriegsentscheidenden Wunderwaffe fabuliert. Doch in Wahrheit zerbröckelte das System mehr und mehr. Dieser Krieg war schon längst verloren. Selbst eingefleischte Nazis, zumindest wenn sie noch in der Lage waren etwas nachzudenken, wussten das. Doch so mancher machte sich auch Gedanken, wie es nach der Niederlage weitergehen würde. Könnte man einen bewaffneten Widerstand organisieren? Einen »Guerilla-Krieg«? Was könnte das einende Symbol sein dem die Leute folgen würden, nachdem das Hakenkreuz sie in die Niederlage geführt hatte? »Deutsch« müsste so etwas sein. Ein Symbol der teutonischen Überlegenheit. Diesen Gedankenspielen hing man sogar in den höchsten Kreisen in Berlin nach.

Doch zurück nach Nürnberg an jenem Karfreitagabend: Die amerikanischen Truppen rückten unaufhaltsam in Richtung der Stadt vor. Würzburg sollte, wie man später erfahren wird, in wenigen Tagen fallen und dann würde der Weg zur »Stadt der Reichsparteitage« mehr oder weniger frei sein. Tatsächlich wird die US-Army am 16. April einmarschieren und ausgerechnet an Hitlers Geburtstag am 20. April wird nach viertägigem, verlustreichem Häuserkampf des »Deutschen Reiches Schatzkästlein« kapitulieren.

In den Abendstunden des 30. März 1945 geschahen in der zerstörten Altstadt von Nürnberg seltsame Dinge. Vier Männer, einer in Uniform und drei in Zivilkleidung, schlichen bei Nacht und Nebel in die Obere Schmiedgasse unterhalb der Nürnberger Burg. Es handelte sich um »Hitlers liebsten Bürgermeister« Willy Liebel, sowie die drei Herren Dr. Konrad Fries, Dr. Heinz Schmeißner und Julius Lincke. Letztere waren hohe städtische Beamte und im Rahmen ihrer Verwaltungsaufgaben auch für den sogenannten Kunstluftschutz zuständig.

Im Gebäude mit der Hausnummer 52 befand sich eine schwer gesicherte Tür zu einem Bunker, der aber selbst bei Luftangriffen nicht

Die Wachstube

für die Zivilbevölkerung geöffnet wurde. In der Nachbarschaft wurden hinter vorgehaltener Hand wilde Gerüchte erzählt: es sei dort, unter der Burg, eine Schatzkammer eingerichtet worden, hieß es. Man hatte beobachtet, wie Laster vorfuhren und wie offensichtlich schwere Kisten hereingeschleppt wurden. Die Anlage wurde rund um die Uhr von SS-Leuten bewacht. Was tatsächlich hier vor ihren Augen geschah, war eine Frage, welche die Leute zwar beschäftigte, der aber kaum jemand nachgehen wollte. Wer mochte schon genau wissen, was die Männer mit dem Totenkopf am Revers dort treiben? So wagte kaum einer offen über die Geschehnisse zu sprechen.

Ursprünglich handelte es sich um einen der vielen Keller, die seit dem 14. bis weit ins 19. Jahrhundert in den Nürnberger Burgberg geschlagen worden waren. Der Keller in der Oberen Schmiedgasse führt horizontal direkt in den Berg, bis fast unter die Verteidigungsanlagen der Kaiserburg. In den hinteren Bereichen besteht eine 24 Meter starke Felsüberdeckung. Ideale Bedingungen für den Ausbau zu einem Luftschutzkeller.

Selbstverständlich hatten die oben genannten Herren aufgrund ihrer Stellung in der Verwaltung Zutritt zu der bewachten Anlage. Ein Beobachter in einem der umliegenden Häuser hätte sehen können, wie sie schon bald den Bunker wieder verließen. Sie trugen ein paar kupferne Behälter bei sich und gingen im Schutz der Nacht eilig in Richtung Osten davon.

Kunstbergung

Luftschutz

Bereits 1933, dem Jahr der Machtergreifung durch die NSDAP, begann man »Luftschutz« zu thematisieren. Göring gründete den *Reichsluftschutzbund,* in dem Männer ausgebildet wurden Häuser bombensicher zu machen, Reparaturen an Gas- und Stromnetz durchzuführen, erste Hilfe zu leisten. Sie wurden auch im Gebrauch von Gasmasken unterwiesen. Letzteres war insbesondere für die Veteranen aus dem Ersten Weltkrieg von Bedeutung. Die hatten den schrecklichen Gaskrieg in Belgien und Frankreich selbst erlebt und waren dadurch schwer traumatisiert. Mit der »Volksgasmaske« für jedermann erhielten sie eine Beruhigungspille. Auch Verdunkelungsübungen wurden seit 1933 immer wieder durchgeführt. Die Verdunkelung von Städten war damals ein wichtiges Verteidigungsmittel gegen Luftangriffe! Ohne GPS, ohne Aufklärungssatelliten im Weltraum, waren Flugzeuge mehr oder weniger auf Kompass und … Sicht angewiesen. Am 10. Mai 1940 hatte eine deutsche Fliegerstaffel auf dem Weg nach Colmar versehentlich Freiburg bombardiert. Es gab 57 Tote.

Eine erleuchtete Stadt ist aus der Höhe über Hunderte Kilometer Entfernung sichtbar und daher im Falle eines Luftangriffs höchst gefährdet. Der Bevölkerung wurde eingeredet, dass Verdunkelungsmaßnahmen reichen würden, um feindliche Angriffe unbeschadet überstehen zu können. Dass ein moderner Krieg Schrecken und Zerstörung bis weit ins Hinterland tragen würde, war den Verantwortlichen also offenbar bewusst. Die Bevölkerung wurde mit »Manövern« im Rahmen des Reichsluftschutzbundes und Verdunkelungsübungen beruhigt: Wir sind auf alles vorbereitet! Tatsächlich war das im Höchstmaß zynisch, denn Bunker für den Zivilschutz selber

Plakat des Reichsluftschutzbundes

gab es zu Beginn des Krieges praktisch keine.

Der Luftschutz war seit der Machtergreifung 1933 ein propagandistisch genutztes Mittel; aber eben auch nur das. Baumaßnahmen blieben bis 1940 aus. Erst dann startete das Führer-Programm, in dessen »erster Welle« in circa 60 Großstädten, die aufgrund der dort vorhandenen kriegswichtigen Industrien (in Nürnberg unter anderem die Firmen MAN, Diehl, Siemens-Schuckert) und Infrastruktur (zum Beispiel große Güterverladebahnhöfe wie in Nürnberg) als Städte der *1. Ordnung des Luftschutzes* galten, Bunker für die Bevölkerung gebaut werden sollten. Neben Nürnberg, das als eine der »Führer-Städte« einen hohen Symbolwert hatte, waren es insbesondere die Städte des Ruhrgebiets, Hamburg und natürlich Berlin.

Hitler ordnete den Bau von 2000 Bunkern an! Es war das größte Bauvorhaben aller Zeiten. Letztendlich wurde aber nur ein Bruchteil verwirklicht. Aufgrund des ungeheuren Bedarfs an Baumaterial, Maschinen und Arbeitern, deren Bereitstellung im Laufe des Krieges immer größere Schwierigkeiten bereitete, kam das Programm mehr und mehr zum Erliegen. Die geplante »zweite Welle« war, obwohl noch bis 1944 vereinzelt Bunker errichtet wurden, keine »Welle« mehr, sondern Verzweiflungsaktion.

Den Anfang machte im Februar 1941 ein Zivilschutzbunker in Frankfurt. Es war die erste Anlage für die Bevölkerung, die im Rahmen des *Führer-Luftschutz-Programmes* in Betrieb genommen wurde. Am Ende ist nur knapp die Hälfte der geplanten Bunker gebaut worden.

Kunstschutz

Am 26. August 1939 (also kurz vor dem Beginn des 2. Weltkriegs) erließ das Reichsministerium für Luftfahrt die Richtlinien für die Durchführung des Luftschutzes in Museen, Büchereien, Archiven und ähnlichen Kulturstätten. Darin hieß es, dass für »*… unersetzliche Kunstwerke […] die Verbringung in unbedingt sichere,* *nach Möglichkeit bomben- und feuersichere Räume …«* vorbereitet werden sollte.

Da hatten sich Museumsdirektoren, Archivare, Universitätsleiter und Immobilienverwalter oft schon um die Sicherung ihrer Schätze in möglichst ungefährdeten Kellern oder wenigstens außerhalb größerer Städte bemüht. Nicht zuletzt suchte man auch sichere Lagerstätten für die ungeheure Menge an Beutekunst aus ganz Europa. Dafür errichtete man später bis fast zum Ende des Krieges noch ganze Reihe von großen Bergungsanlagen.

Im Duktus der Nationalsozialisten gab es natürlich keine »Beute-« und schon gar keine »Raubkunst«, sondern rechtmäßiges deutsches Eigentum, das man nach Hause brachte. Zum Begriff deutsche Kunst hatte man ein sehr, nun, unverkrampftes Verhältnis. So zählte man pauschal künstlerische Gegenstände, die aus Deutschland stammten, von Deutschen in Auftrag gegeben oder von einem deutschen Künstler hergestellt worden waren, dazu. Aber auch Werke, die einen »germanischen Stil« aufwiesen, sah man als deutsche Kunst an, die rechtmäßig ins Reich gebracht werden durfte. All diese Schätze sollten möglichst vor Angriffen der Alliierten geschützt werden.

In Nürnberg geschah etwas einzigartiges. Während andernorts derartige Anlagen erst während des Krieges errichtet wurden, begann man in Nürnberg praktisch am Tag des diesbezüglichen Erlasses des Luftfahrtministeriums (mit den Planungen hatte man vielleicht sogar schon vorher angefangen) mit dem Bau einer Kunstbergungsanlage. Eine Reihe anderer Anlagen ist heute bekannter als die in Nürnberg, vor allem, weil sie größer und mit Beute vollgestopft waren. Die Kupfermine in Siegen (wo der Aachener Domschatz versteckt worden war), Schloss Neuschwanstein (vor allem Gemälde) und insbesondere die Salzstöcke von Merkers in Thüringen (mit dem aus den eroberten Ländern gestohlenen Notenbanken-Gold) und Altaussee (Kunst für das geplante Führermuseum in Linz) in Österreich dürften den meisten als erstes einfallen. Von einigen wird im folgenden noch die Rede sein.

Die größte Plünderung der Geschichte

Zwischen 1933 und 1945 raffte das Nazi-Regime geschätzt rund 650.000 Kunstwerke aus dem Besitz im Dritten Reich verfolgter Personengruppen, vor allem Juden, in ganz Europa zusammen. Dazu kam die Beute aus Museen. Es war und ist der größte Kunstraub der Geschichte. Nach dem Krieg konnte ein großer Teil dieser Beutekunst den rechtmäßigen Besitzern oder deren Nachfahren zurückgegeben werden. Doch längst nicht alles. Etwa 100.000 Objekte blieben verschollen. Für nicht wenige ist der Prozess der Restituierung noch immer nicht abgeschlossen. Der Raubzug wurde durch offizielle Regelungen und gesetzliche Vorgaben legitimiert und sowohl Behörden wie auch eigens eingerichtete Institutionen waren beteiligt. Die effektivste Organisation war der *Einsatzstab Reichsleiter Rosenberg* (ERR). Im Jahr 1940 wurde der ERR zur Katalogisierung von jüdischem Archiv- und Buchmaterial für das *Institut zur Erforschung der Judenfrage* ins Leben gerufen; doch bald schon beschäftigte man sich dort mehr mit der Beschlagnahme von Kunstgütern, etwa um die private Sammlung von Hermann Göring zu vergrößern oder das Depot für Hitlers geplantes Führermuseum zu füllen (dies ist unter der Bezeichnung »Sonderauftrag Linz« bekannt). Der Einsatzstab war in Arbeitsgruppen und mobile Sonderkommandos gegliedert. In Paris, Brüssel, Amsterdam, Belgrad, Minsk, Kiew und Riga waren die Hauptarbeitsgruppen aktiv. Innerhalb dieser regionalen Zuständigkeiten waren die Arbeitsgruppen nach Sachgebieten organisiert: Bildende Kunst, Musik, Buchwesen.

Aber nicht nur Gemälde und Skulpturen wurden gestohlen! Straff organisiert wurde aus Wohnungen, Galerien und privaten Sammlungen auch Kunsthandwerk, Silber- und

Goldwaren, Schmuck, auch Teppiche und Möbel gewaltsam in Besitz gebracht. Mit der dem Regime eigenen beängstigend effektiven Akribie wurden Wohnungen und Sammlungen durchkämmt. Nicht selten bereicherten sich die Nazi-Bonzen auch ganz persönlich an der Beute. Nutznießer waren, wie der Fall Gurlitt noch in jüngster Zeit zeigte, auch Privatsammler und der Kunsthandel.

Adolf Hitler betrachtete sich selbst als oberste Instanz in Sachen Kunst. Die Kunst der Moderne war für ihn »entartet«. Es zählten lediglich »realistische« Kunststile als fördernswert. Da sah er sich als Mäzen und oberster Fachmann im Dritten Reich. Er entschied auch, auf welche Museen die beschlagnahmten Kunstwerke verteilt werden sollten. Im März 1938 soll er, inspiriert durch den begeisterten Empfang in seiner Heimatstadt Linz, auf die Idee gekommen sein, ein »Führermuseum« mit einer einmalig umfassenden Galerie alter Meister ins Leben zu rufen: der »Sonderauftrag Linz« war geboren und große Mengen des Raubgutes wurden dafür zusammengetragen.

Der unverblümte Charakter des Beutezuges wird am Beispiel der Bayerischen Staatsgemäldesammlung unter der Leitung ihres damaligen Generaldirektors Ernst Buchner deutlich. Als Rechtfertigung für die »Rückführung« wurde oftmals der »Versailler Vertrag« (der Friedensvertrag nach dem Ersten Weltkrieg) angeführt. Auch die Tatsache, dass in napoleonischer Zeit nicht wenige Kunstwerke aus den besetzten deutschen (Klein-) Staaten nach Frankreich kamen, ist immer wieder als Argument benutzt worden. Und Buchner verstieg sich sogar zu dieser Aussage:

»Wir haben schon wirklich Pech, daß die Schweden nicht auf der Feindseite stehen, sonst könnten wir jetzt die leider sehr ergiebige Schwedenbeute von 1632 zurückholen.«

Es steht zu befürchten: Dieser Satz war im Kern tatsächlich ernst gemeint – auch wenn er wohl keinen wirklichen Aufruf für eine Kriegserklärung darstellte und vielleicht sogar »lustig« sein sollte. Der gleich nach dem Ersten Weltkrieg aufkeimende Revanchismus der politisch Rechten, der Republik-Gegner und Demokratie-Hasser war kein Scherz. Die grundlegenden und heute von niemandem infrage gestellten Fehler des sogenannten »Diktatfriedens von Versailles« fütterten die Nazipropaganda von Anfang an und schürten Verbitterung und Radikalisierung. Der Rachegedanke der Regelungen steht außer Frage. Schon 1919 analysierte der bekannte Ökonom Maynard Keynes (also einer der »Sieger«) in seinem Buch »Die wirtschaftlichen Folgen des Vertrages von Versailles« schonungslos, warum Europa wegen dieses Vertragswerks über kurz oder lang in einen neuen Krieg schlittern würde. Das ist aber nicht unser Thema. Jedenfalls wurde das Narrativ der legal rückführbaren Raubkunst »der anderen« ständig bemüht. Noch einmal Ernst Buchner:

»[…] begrüße ich es lebhaft, dass endlich das schreiende Unrecht des Versailler Vertrages […] wieder gutgemacht wird.«

Im Februar 1942 wurde Buchner von Goebbels zu einer Besprechung nach Berlin eingeladen, um zu klären, welche Maßnahmen zur Sicherstellung der Rückführung »geraubter deutscher Kulturgüter« nötig sein würden und wie diese zu bewerkstelligen sei. Es geht, das sei nochmals betont, hier auch (und für Buchner zentral) um Werke, die sich bis 1920 in der Alten Pinakothek in München zwar befanden … aber keinesfalls »deutsch« waren, wie etwa Gemälde des Niederländers Dierick Bouts. Selbst die intellektuelle Kunstwelt sprang auf den polemischen Zug auf: in Katalogen wurden Bilder quasi noch im Bestand geführt, aufgehängt wurden Kopien. Buchner selbst lehnte 1936 ein Leihgabegesuch für eine Rubens Ausstellung in Brüssel mit Hinweis auf die Bouts Gemälde ab. Es wurde also perfide versucht, Rechtfertigung für den eigenen Raubzug zu herbeizufabulieren. Schuld sind stets die anderen, angefangen haben immer die anderen. Ob Kunstraub oder gleich Krieg:

»Seit 5 Uhr 45 wird jetzt zurückgeschossen!«

So Adolf Hitler in seiner Rede vor dem Reichstag am 1. September 1939, nach Beginn des Überfalls auf Polen … es ist ein immer wiederkehrendes Muster, das noch heute funktioniert.

Die Geschichte des Genter Altars

Der Genter Altar gilt als Hauptwerk der Brüder Hubert und Jan van Eyck. Er war eine Auftragsarbeit, die im Jahr 1432 für den Genter Kaufmann Jodokus Vejt gefertigt wurde.
Die Geschichte der »Rückholung« des Genter Altars steht beispielhaft für den Raubzug der Nazis und im besonderen für die zweifelhafte Rolle der Bayerischen Staatsgemäldesammlungen und ihres Generaldirektors Ernst Buchner (der übrigens von 1953 bis 1957 wieder den Posten des Generaldirektors bekleidete) in derartigen Angelegenheiten. Sie zeigt die Gier und den Aufwand der betrieben wurde. Sie zeigt, wie verschränkt Kunsthistoriker, Museen und der Nazi-Apparat waren. Sie zeigt die Skrupellosigkeit und die minutiöse Planung und Ausführung solcher Aktionen.
Dr. Otto Kümmel, der Leiter der Staatlichen Museen in Berlin regte schon kurz vor der belgischen Kapitulation im Mai 1940 bei Goebbels persönlich die Rückführung des berühmten Genter Altars an. Dieser hatte sowieso schon eine abenteuerliche Geschichte hinter sich. Die Kirche hatte ihn 1816 aus Geldnöten an einen belgischen Kunsthändler namens Johannes Nieuwenhuys für den aus heutiger Sicht relativ geringen Preis von 3.000 Gulden verkauft. Nieuwenhuys veräußerte ihn zwei Jahre später an den englischen Sammler Edward Solly. Von dem aus gelangte der Altar schließlich ins Berliner Museum. Gemäß der Vereinbarungen des Versailler Vertrages musste er 1920 an Belgien zurückgegeben werden. Den Siegermächten war dieses Werk so wichtig, dass es im Vertragswerk einen eigenen Artikel (§247) für den Altar gab. Im Verlauf des

Zweiten Weltkrieges gelangte der Altar schließlich nach Schloss Pau in Südfrankreich, am Rande der Pyrenäen. Am 6. Juli 1942 schrieb Buchner an der Leiter der Berliner Gemäldegalerie, Ernst Heinrich Zimmermann, er habe direkt aus der »Kanzlei des Führers« Weisung erhalten, die Rückführung des Altars vorzubereiten.
Kurz darauf beginnt Buchners Reise. Sie würde mehrere Tage in Anspruch nehmen und in großen Teilen durch »unbesetztes Gebiet« unter der Hoheit des Vichy Regimes führen. Buchner kümmerte sich um alles notwendige. Er sorgte für fachgerechten Bildertransport, Benzinkarten, Ausweise, Begleitschutz. Mit einem LKW und einem PKW startete man am 24. Juli. Die Spedition Gebrüder Wetsch übernahm den Transport. Es waren neben Buchner ein Fahrer und ein Ersatzfahrer für den LKW, sowie der Wehrmachts-Hauptmann Fitz als Chauffeur dabei; des weiteren ein Möbelpacker, ein Schreiner, der Konservator Prof. Reinhard Lischka und später, an der Staatsgrenze, stieß der Botschaftsmitarbeiter Willi Albert dazu. In Pau angekommen, konnte man den Altar aber nicht einfach einpacken. Offiziell gehörte dieses Gebiet zum unbesetzten Teil Frankreichs und die Vichy-Regierung übte dort die Staatsgewalt aus. Es bedurfte mehrtägiger diplomatischer Bemühungen, bis am 3. August ein Telegramm des Vichy Präsidenten Laval eintraf, das die Übergabe des Altars erlaubte.
Über Bordeaux, Dijon, Lindau gelangte der Genter Altar schließlich am 8. August nach Schloss Neuschwanstein.

Schloss Neuschwanstein

Am 28. April 1945 fiel das Schloss Neuschwanstein an die amerikanischen Truppen. Die wussten längst, dass sich dort Beutekunst befand – das unermessliche Ausmaß des Lagers erstaunte dann aber doch. Die US-Army rechnete damit, dass das Schloss mit Artillerie verteidigt werden würde und brachte Panzer in Stellung. Aber die Leute des *Einstatzstabes Reichsleiter Rosenberg* und das militärische Wachpersonal hatten bereits die Flucht ergriffen. Zivile ehemalige Touristenführer, meist fortgeschrittenen Alters, öffneten widerstandslos die Tore. Die *Monuments Men* unter Leutnant Mortimer betraten ungehindert die sagenhafte Schatzkammer im Traumschloss des Märchenkönigs Ludwig II. Der hatte ab 1864 das Schloss Neuschwanstein in der Nähe von Füssen im Allgäu erbauen lassen. Tausende Gemälde und andere Gegenstände; Werke aus bayrischen Museen und, natürlich, Raubgut nicht unerheblicher Menge waren dort gelagert. Auf Betreiben Ernst Buchners kamen auch der *Genter Altar* und die Flügel des *Löwener Sakramentsaltars* hierher. Schon ab Anfang September 1939 wurden Gemälde aus diversen Museen und Sammlungen eingelagert: Werke von Ghirlandaio, Rubens, Perugino, Feuerbach, französischen Impressionisten. Am Ende des Krieges waren hier über 1300 Gemälde in Verwahrung. Darüber hinaus Vasen und Terrakotten, Möbel aus der Münchner Residenz, Tapisserien, Handschriften, Skulpturen, der bayerische Thronschatz (eingemauert im Keller in der einstigen Metzgerei), geraubte Kunst aus den Sammlungen französischer Juden (zum Beispiel der legendäre Schmuck der Familie Rothschild) und Stücke aus dem Louvre – das Depot im Schloss Neuschwanstein war »breit aufgestellt«. Auf den ersten Blick erscheint das Schloss zur Kunstbergung ungeeignet. Ein derart auffälliges Bauwerk unterscheidet sich grundlegend von den Minen,

Kellern und Bunkern, die normalerweise als Bergungsanlagen verwendet wurden. Drei Faktoren machten es dennoch zu einer Anlage, die ihren Zweck gut erfüllen konnte. Zunächst ist die Position mitten in den bayrischen Alpen für Bomber mit der damaligen Flugzeugtechnik gar nicht so leicht anzufliegen gewesen, zweitens erhoffte man sich, dass das Schloss selbst, als Baudenkmal, nicht zerstört werden würde und nicht zuletzt machte man kein Geheimnis daraus, was hier untergebracht war. Letzteres in der Hoffnung, dass die Alliierten die dort gelagerten hochkarätigen Kunstwerke nicht würden zerstören wollen.

Am Ende des Krieges vertraute Tino Walz, ein Mitarbeiter der Staatlichen Schlösserverwaltung, dem nicht mehr. Auch der »Nero-Befehl« Hitlers, demgemäß nichts von Wert dem Feind in die Hände fallen sollte (Sprengladungen waren wohl schon deponiert), ließ ihn zu einer abenteuerlichen Maßnahme greifen. Mit seinem Privatauto transportierte er einige Kisten zum Tegernsee, wo er die wertvolle Ladung im Kartoffelkeller eines Bauern versteckte.

Obwohl ein oberirdisches Gebäude, war das Schloss in Bezug auf das herrschende Raumklima nicht als Aufbewahrungsort empfindlicher alter Kunst geeignet und es mussten entsprechende Maßnahmen ergriffen werden, um die Voraussetzungen zur Lagerung zu schaffen. Zum Schutz vor direkter Sonneneinstrahlung wurden Fenster verhängt und mit Farbe bestrichen. Mit Asbestplatten und Glaswolle wurden die Räume aufwändig gedämmt. Die »Checklisten« für die rund um die Uhr anwesenden Bewacher sahen vor, durch Lüften beziehungsweise feuchtem Wischen des Bodens, behelfsmäßig die Luftfeuchtigkeit zu regulieren. Die täglich erstellten Tabellen zur Dokumentation von Temperatur und Luftfeuchtigkeit sind nahezu vollständig erhalten. Eine Klimaanlage gab es nicht.

Wie andernorts auch, war die Bergungsanlage im Schloss nur wenigen Leuten zugänglich. Nur das Wachpersonal, einige Mitarbeiter der

Schloss Neuschwanstein

Schlösserverwaltung und, wenn nötig, Restauratoren hatten Zutritt. Die Handwerker aus dem Ort wurden unter Androhung drakonischer Strafen zur Geheimhaltung verpflichtet. Aber natürlich gingen in Schwangau, zu Füßen des Schlosses, Gerüchte um. LKW-Konvois brachten schwere Kisten ins Schloss, und bald war die Rede von einer riesigen Schatzkammer. Es dauerte sechs Wochen, bis die *Monuments Men* die eingelagerten Werke auch nur dokumentiert hatten! Sie gingen dann an den »Collecting Point« in München. Wie überall zog sich die Rückabwicklung viele Jahre hin; noch 1949 konnten bei weitem nicht alle Objekte zugeordnet werden und wie überall ist der Prozess der Restitution kein rühmlicher. Manche Fälle blieben Jahrzehnte lang, manche bis auf den heutigen Tag, ungeklärt.

Hainer Stollen in Siegen

Unter dem Oberen Schlossberg in Siegen befindet sich der Hainer Stollen. Der Siegener Oberbürgermeister Alfred Fißmer bot Provinzialkonservator Prof. Dr. Graf Wolff Metternich, (zuständig für den Kunstschutz) an, den im Bergwerk eingerichteten Luftschutzbunker auch als Lager für Kunstwerke zu nutzen. Zu diesem Zweck baute man in einem 60 mal 9 Meter großen Bereich 1944 eine Trockenanlage und eine Heizung ein. Am Ende des Krieges waren dort unter anderem die Domschätze aus Aachen, Trier, Essen und Siegburg, sowie fast 500 Gemälde aus den Beständen des Folkwangmuseums in Essen, dem Wallraf-Richartz- und dem Schnütgen-Museum versteckt. Gut geschützt durch 35 Meter Felsüberdeckung überlebte hier zum Beispiel van Goghs »Weiße Rosen« die Fliegerangriffe.

Am Ostermontag 1945 betraten Soldaten, darunter auch Kunstschutzoffiziere der sogenannten *Monuments Men*, den Bunker, in dem sich zu diesem Zeitpunkt auch viele verängstigte Zivilisten befanden. Der offenbar verwirrte Bunkerwart begrüßte sie mit einem freundlichen »Heil Hitler«.

Im Aachener Suermondt-Museum hatten die GIs der 8. US-Division einen Katalog mit Hinweisen auf die Einlagerung in Siegen ausgehändigt bekommen. Und noch während der Kampfhandlungen hatte der amerikanische Kommandeur Kontakt zu Bürgermeister Fißmer aufgenommen und die Herausgabe der geraubten Kunstschätze gefordert. Fißmer lehnte mit dem Hinweis ab, die Schätze seien keine Raubkunst und der *»Herr Kommandeur«* solle doch lieber den Eingang zum Stollen durch Wachen sichern, damit befreite russische Zwangsarbeiter das Lager nicht plündern oder die Schätze beschädigen könnten. Später erinnerte man sich an Fißmer als Retter der Kunstgüter. Weitaus mehr und für ihn selbst weitaus gefährlicher hatte sich Oberbaurat Wildemann verdient gemacht: kurz vor dem Eintreffen der US-Army hatte die SS von ihm die Herausgabe der Schätze gefordert und ihm mit Erschießung gedroht, falls er sich weigern würde. Wildemann weigerte sich trotzdem und wurde nicht erschossen, weil die SS-Leute vor dem heranrückenden Feind flohen und ihn nicht weiter behelligten. Der Kunstschutzoffizier George Stout erzählte 1946 in einem Interview davon, dass im Bunker nach Ende des Krieges von den Soldaten eine Art Museum eingerichtet wurde, das man sogar am Eingang mit einem großen Schild bewarb. Natürlich nur für wenige Wochen. Bis Juni 1945 waren die Schätze zur Sammelstelle nach Marburg transportiert worden; alles praktisch unbeschädigt.

US-Soldat vor einer Eva-Statue

Altaussee

Im ausgedehnten Salzminenkomplex in Altaussee im österreichischen Salzkammergut legten die Nationalsozialisten unter dem Decknamen »Sonderauftrag Linz« 1943 ein riesiges Depot für gestohlene Kunstwerke aus ganz Europa an. Im Auftrag von Adolf Hitler persönlich wurden diese Kulturgüter für das geplante Führermuseum in Linz zusammengetragen – oder besser: zusammengerafft.

Zunächst kamen Kunstschätze aus österreichischen Museen, Kirchen und Klöstern in die Stollen, später, ab Anfang 1944, folgte in großem Stil Beutegut aus den eroberten Ländern. Am Ende des Krieges lagerten in den Minen über 6500 Gemälde, Hunderte Zeichnungen, Aquarelle und Grafiken, knapp 200 Statuen und ungezählte kunstgewerbliche Gegenstände, wie zum Beispiel Wandteppiche, Möbel, historische Waffen und Münzen, sowie umfangreiche Bibliotheksbestände. Hier waren weltbekannte Werke wie die *Brügger Madonna* von Michelangelo oder Vermeers *Der Astronom* eingelagert. Alles gestohlen aus Museen und Privatsammlungen in ganz Europa.

Beim Untergang des Dritten Reiches sollte das Depot gesprengt werden. Gauleiter August Eigruber ließ acht 500 Kilogramm schwere Bomben in die Tunnel bringen und berief sich dabei auf Hitlers berüchtigten »Nero-Befehl«, der vorsah im wahrsten Sinn des Wortes verbrannte Erde zu hinterlassen, damit nichts von Wert den Siegern in die Hände fiele. Allerdings soll Hitler selbst nicht mit einer Sprengung einverstanden gewesen sein, doch Eigruber befahl Anfang Mai, kurz vor dem Einrücken der amerikanischen Armee, trotzdem die Mine in die Luft zu jagen.

Zahlreiche Legenden ranken sich um die Rettung des Kunstschatzes. Der Direktor des Bergwerks, Emmerich Pöchmöller, habe einen Befehl aus Berlin gefälscht und daraufhin die Bomben entfernen lassen. Die

Eingänge seien gesprengt worden um Eigruber glauben zu machen, man sei seiner Weisung gefolgt. Vielleicht waren es auch die mit der Sprengung beauftragten Bergleute, die um den Erhalt ihrer Lebensgrundlage fürchteten und sich dem Befehl widersetzten. Der genaue Hergang wird sich nicht mehr gesichert klären lassen. Jedenfalls öffneten die Amerikaner nach ihrer Besetzung Altaussees am 8. Mai die versperrten Eingänge und die Kunstwerke wurden im Laufe der Zeit zunächst in die zentrale Sammelstelle nach München gebracht, von wo aus die Rückgabe organisiert wurde – ein bekanntlich schwieriger Prozess.

Merkers

Gestopft in Koffer, Truhen und andere Behälter, lag da eine große Menge an Gold- und Silberzeug und Schmuck, augenscheinlich zusammengeraubt aus privaten Wohnstätten in ganz Europa.

Dwight D. Eisenhower

Im Kali-Bergwerk in Merkers in Thüringen wurde noch Anfang des Jahres 1945 eine Schatzkammer ohnegleichen eingerichtet. Die Berliner Reichsbank ließ ab Februar bis März 1945 in der Aktion »Walross« tausende Kisten Gold, Diamanten, Devisen und Reichsmarkmünzen 500 Meter tief in den dortigen Salzstock einlagern. Dazu kamen Tonnen von Kunstwerken aus deutschen Museen (etwa die *Büste der Nofretete*), Raubkunst, Bücher und Dokumente.

Vor allem um das Gold ranken sich bis heute teils wilde Gerüchte. 80 Prozent der 1945 vorhandenen Reserven der Reichsbank wurden dort versteckt. Es besteht jedoch kein Zweifel darüber, dass es sich dabei samt und sonders um geraubte Reichtümer handelte! Anfang Januar 1939 informierte nämlich der damalige Reichsbankpräsident Hjalmar Schacht Hitler in einem Brief (das Original befindet sich in Nürnberg) darüber, dass alle Finanzreserven aufgebraucht waren. Für diese offenen Worte wurde er vier Wochen später entlassen (das sicherte ihm in den Nürnberger Prozessen ein mildes Urteil). Wenige Monate danach brachen die Nazis bekanntlich den Zweiten Weltkrieg vom Zaun. Der war also eindeutig auch ein Beutekrieg, um die leeren Kassen des Regimes wieder zu füllen.

Aus den Plünderungen der Goldreserven der Notenbanken der eroberten Länder flossen mehr als 500 Tonnen Gold an die Reichsbank! Soweit sich das verfolgen lässt, wurde gut die Hälfte davon genutzt, um während des Krieges Waffen und Rohstoffe – meist über die Schweiz abgewickelt – zu bezahlen. In Merkers fanden sich aber noch an die 7000 numerierte Säcke mit Gold und

Münzen. Es waren ungefähr 250 Tonnen, welche Nazigrößen dieserart faktisch von der Zentralbank in private Kanäle verschoben hatten. Von Mitte Februar bis Mitte März 1945 rollten 22 schwer bewachte Züge von Berlin nach Thüringen.

Doch es war bei weitem nicht nur dieses »monetäre« Edelmetall, der Währungsfuß des damals auf Gold basierenden Geldsystem, der überfallenen Staaten! Ein ausgeklügeltes Programm der Reichsbank schleuste auch die Vermögenswerte der Holocaust-Opfer in ihre Reserve. Über das berüchtigte »Melmer-Konto« (benannt nach dem SS Hauptsturmführer Bruno Melmer) wurden ab 1942 auch Goldzähne, Ringe, Schmuck etc. der in den Vernichtungslagern

US-Soldaten mit dem Gemälde »Das Ehepaar Guillemet im Gewächshaus« von Monet

Ermordeten in offizielles Gold »verwandelt« und an die Reichsbank weitergeleitet. Viel davon wurde von der Scheideanstalt Degussa (noch heute existierend) zu Goldbarren umgegossen, die in keiner Weise von Barren z.B. aus Nationalbankbeständen zu unterscheiden waren. Wenn auch nur ein eher geringer Teil des gesamten Schatzes, ist dieses »Totengold« doch der wohl schrecklichste.

Zusammen mit den anderen Wertgegenständen, Dokumenten und Büchern war der Schatz von Merkers der größte, der in der Geschichte jemals zusammengetragen worden war. Anfang April wurde der komplette Bestand in einem schwer bewachten Konvoi von der US-Armee nach Frankfurt gebracht. Diese hastige Aktion verstieß gegen die Vereinbarungen mit den Sowjets, denen dieses Gebiet vertraglich zugesichert war. Der ganze Schatz wurde ihnen sozusagen vor der Nase weg geklaut, was dem Verhältnis der damals noch Verbündeten sicher nicht zuträglich war.

Später wurde der allergrößte Teil an die rechtmäßigen Besitzer zurückgegeben. Von einigem aber fehlt bis heute jede Spur. Das Gold ging an die beraubten Nationalbanken zurück oder floss in den Marshall-Plan ein. Insbesondere der Umfang dieses Anteils ist außerordentlich schwer zu fassen. Spätere, bis heute von meist deutschnationalen Kreisen verbreitete Vermutungen und Gerüchte dieses »deutsche Gold« (was natürlich Unsinn ist; es war geraubtes Gold) wäre in die amerikanische Goldreserve in Fort Knox integriert worden, konnten nie auch nur ansatzweise belegt werden.

Kunstbergung in Nürnberg

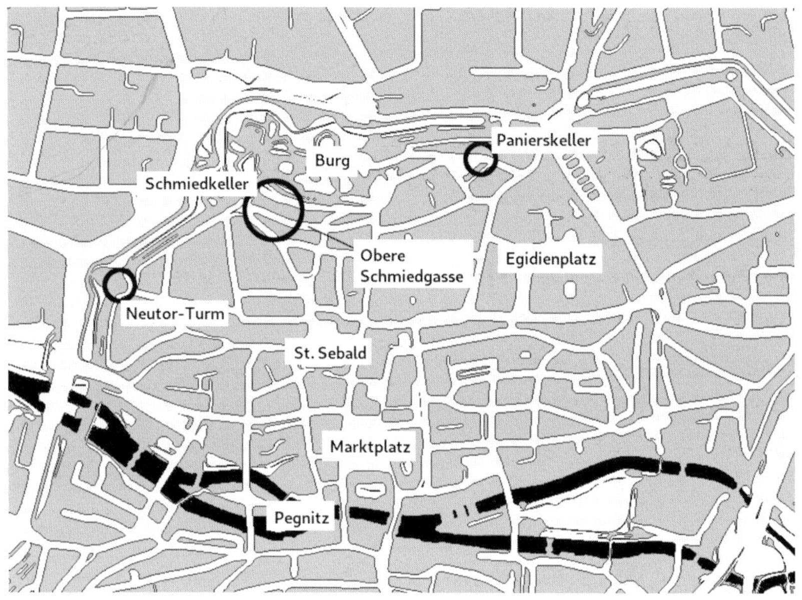

Stadtplan mit der Lage der Kunstbergungsanlagen in Nürnberg

2. (oder 3.) April 1945

Wenige Tage nachdem Bürgermeister Liebel und die für den Luftschutz zuständigen Beamten der Verwaltung, Lincke, Dr. Schmeißner und Dr. Fries, im Bunker in der Oberen Schmiedgasse waren, wurden – so »geheim«, dass es auch wirklich alle Nachbarn mitbekamen – von SS-Leuten zwei Kisten in einen PKW verladen und fortgebracht. Bald verbreiteten sich Gerüchte, die wohl gezielt in die Welt gesetzt wurden, dass in den Kisten bedeutende, für die »Bewegung« wichtige Gegenstände gewesen wären, die insgeheim nach Zell am See gebracht und im dortigen See versenkt worden seien, damit sie nicht in die Hände des Feindes fallen würden. Den Abtransport der Kisten aus Nürnberg bestätigte bei Befragungen durch die Ermittler der *Monuments, Fine Arts, and Archives Section* der US-Armee unter anderen auch Dr. Lutze, der Direktor der Städtischen Galerie, am 20. Juni 1945 in einer Aussage zum Fall. Auch Dr. Fries erwähnt diesen Abtransport in seinem Report an die Militärregierung vom 30. Juni 1945.

Aber war diesen Aussagen zu trauen? Wurden tatsächlich Teile der Bestände aus dem Nürnberger »Kunstbunker« kurz vor Ende des Krieges gestohlen? Wurden sie vernichtet? Vor den anrückenden alliierten Truppen versteckt? Warum? Und vor allem: Was?

Sehen wir uns an, wie der Stand der Ermittlungen im Juni war:

Am 2. (oder 3.) April 1945 wurden ohne Zweifel durch SS-Leute mehrere Kisten aus dem Bunker in der Oberen Schmiedgasse in einen PKW verladen und aus Nürnberg fortgeschafft. Gemunkelt wurde von Schatztruhen oder Goldbarren oder auch von geheimen Dokumenten.

Wie sich später bei weiteren Verhören (und wohl auch »leichtem« Druck) herausstellte, war das Ganze eine bloße Inszenierung um zu verschleiern, was eigentlich geschehen war. Bürgermeister Liebel hatte, soweit sich das eruieren lässt, seine Verbindungen, die bis in die höchsten Kreise reichten, spielen lassen und in dieser Angelegenheit mit Berlin Kontakt aufgenommen. Es war dann aller Wahrscheinlichkeit nach Heinrich Himmler persönlich, der grünes Licht für die Aktion gegeben hatte.

Die seltsamen Geschehnisse wären wohl nur eine Randbemerkung in den Geschichtsbüchern geblieben oder gänzlich in Vergessenheit geraten, wenn es sich nicht um einen dreisten Diebstahl gehandelt hätte, der erst Monate nach Kriegsende aufgeklärt werden konnte. Liebel, Fries, Schmeißner und Lincke hatten bei ihrem nächtlichen Besuch ein paar Tage zuvor aus der Nürnberger Kunstbergungsanlage – um die handelte es sich nämlich bei dem Ort des Geschehens – etwas entwendet, das ihrer Meinung nach auf gar keinen Fall dem Feind in die Hände fallen durfte. Zumindest der Nürnberger Bürgermeister Liebel glaubte, wie so mancher hochrangige Nazi bis hinauf nach Berlin, von den höchst symbolträchtigen Gegenständen um die es ging, an eine einende und anspornende Wirkung für den erhofften zukünftigen Guerilla-Kampf nach der absehbaren militärischen Niederlage.

Die Anlagen in Nürnberg

Die Verantwortung für den zivilen Luftschutz lag bei den städtischen Behörden. In Nürnberg waren die Leiter der zuständigen Abteilungen die bereits bekannten Herren Julius Lincke und Dr. Heinz Schmeißner (gelernte Architekten, die beide schon mehrere Bauprojekte für die nationalsozialistische Stadtverwaltung verwirklicht hatten), sowie vor allem der Leiter des *Dezernats XI für Wehrangelegenheiten, Luftschutz und Ernährung*, Dr. Konrad Fries. Die drei beschlossen schon sehr früh, sich um die unersetzliche Kunst in Nürnberg zu kümmern. Die Pläne lagen bei Kriegsbeginn fertig »in der Schublade« und wegen dieses frühzeitigen Planungsbeginns war der »Kunstbunker« bereits ein halbes Jahr nach Kriegsbeginn mit allen technischen Umbauten versehen und bezugsbereit. Der Ausbau des Kellers gelang in dieser kurzen Zeit wohl nur, weil von der Großbaustelle »Reichsparteitagsgelände« Baumaterial abgezwackt wurde.

Dr. Fries betonte später bei seinen Vernehmungen durch die *Monuments Men*, dass er und die anderen beiden Herren schon sehr zeitig, sogar vor dem entsprechenden Befehl aus Berlin, die Möglichkeit von schweren Angriffen befürchtet hätten. Damit versuchte er sein Handeln als verantwortungsvoll und vor allem als gegensätzlich zur offiziellen Linie der Machthaber darzustellen. Mit Sicherheit versprach er sich davon Vorteile bei den Ermittlungen gegen ihn. Man habe sich doch dem Vorwurf des »Defätismus« ausgesetzt! Im Kern entsprach das durchaus der Wahrheit, die reale Gefahr für die drei Beamten dürfte aber angesichts ihrer Stellung gering gewesen sein. Widerstand kann man ihr Handeln kaum nennen, geschah das alles doch mit Genehmigung oder wenigstens Mitwisserschaft des Oberbürgermeisters Liebel.

Zunächst war der Kunstbunker – im Gegensatz zu den meisten anderen Anlagen dieser Art – eine rein städtische Angelegenheit und regionalen, Nürnberger, Schätzen vorbehalten. Es folgten umfangreiche Bestände aus dem Depot des Germanischen Nationalmuseums, die Fenster der Stadtkirchen, Schätze aus auswärtigen Archiven und dann auch »Beutekunst«.

Es wurde auf strikte Geheimhaltung geachtet. Dass Kunst- und Kulturgüterschutz faktisch schon vor dem Schutz der Zivilbevölkerung eingeleitet wurde, sollte nicht unbedingt der breiten Öffentlichkeit bekannt werden. Auch der schiere Umfang der Bergungsaktionen blieb geheim. Dafür betrieb man teils erheblichen Aufwand. Beteiligte wurden zu absoluter Verschwiegenheit verpflichtet. So kolportierte man, als sehr bald die spätmittelalterlichen Glasfenster der großen Stadtkirchen in den Bunker verbracht wurden, was naturgemäß nicht zu verheimlichen war, sie seien zur Restaurierung aus Nürnberg fortgebracht worden.

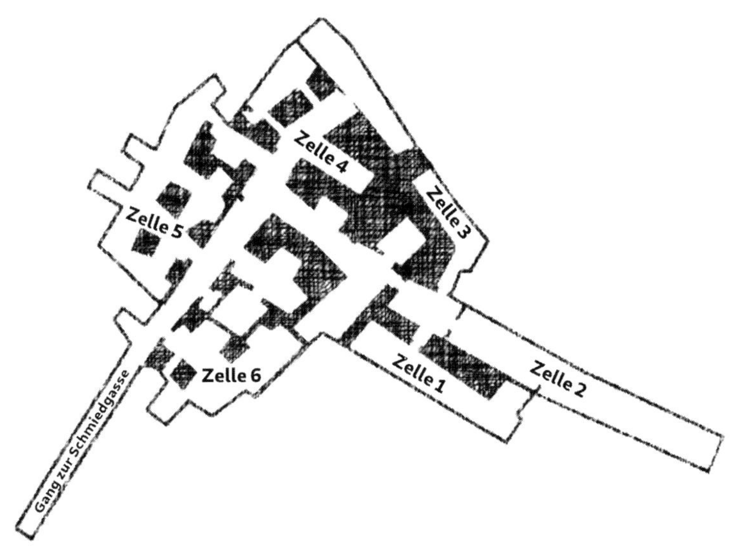

Schematischer Plan der Zellen des Kunstbunkers

Der »Schmiedkeller«

In der nördlichen Nürnberger Altstadt, im Burgberg, gibt es riesige Felsenkeller-Anlagen, deren Entstehung bis ins 14. Jahrhundert zurückreicht. Ursprünglich dienten sie bis Ende des 19. Jahrhunderts als Gär- und Lagerkeller für Brauereien. Der Schmiedkeller – mit 900 Quadratmetern Fläche nur ein kleiner Teil dieser insgesamt mehr als 25000 Quadratmeter umfassenden Felsengänge – wurde ausgewählt, weil er im Gegensatz zu den anderen in städtischem Besitz war und überdies über eine Eingangsrampe verfügt, die den Transport von Kisten erheblich vereinfachte. Die meisten Keller haben nur oft steile Treppeneingänge. Am 26. August 1939 begann der Ausbau. In nur einem halben Jahr

Aufbau eines Luftschachts im »Kunstbunker«

Ein einfacher, gerader Kamin von der Oberfläche in einen Bunker ist keine gute Idee. Bei einer Explosion würden Splitter und vor allem eine gewaltige Druckwelle in den Bunker gelangen und könnten schwere Beschädigungen anrichten. In der schematischen Zeichnung unten sieht man einen abknickenden Teil, der nach außen führt. Dort befinden sich Gitter, Klappe und Filter. Der Schacht A hat ein totes Ende, ein weiterer Schacht (B) zweigt ab und führt zur Öffnung im Bunker. Der Clou ist ein Betonkeil (C), der auf einer Drehachse gelagert ist und im Fall eines direkten Treffers nach rechts kippt und den Schacht B verschließt. Nach Abbau der Druckwelle kehrt er in seine Ausgangslage zurück und die Luftversorgung durch Schacht B ist wieder gewährleistet.

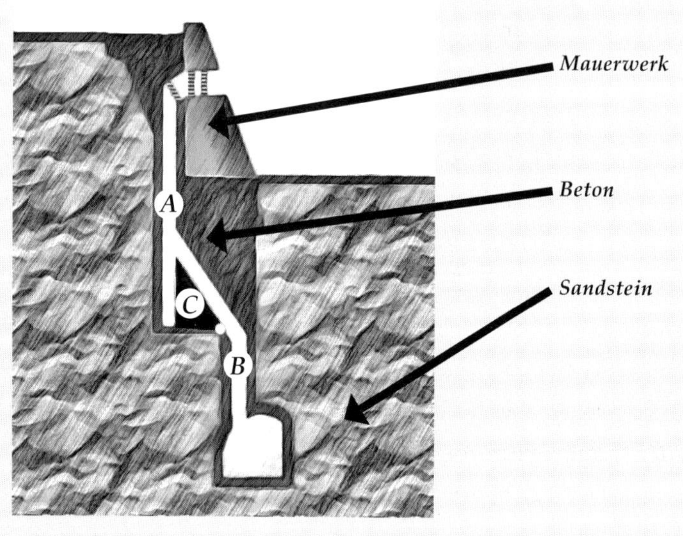

konnte er erfolgreich abgeschlossen werden. Ab 1940 wurden hier wertvolle Kunstgegenstände und Dokumente eingelagert; zunächst aus Nürnberger Museen und Archiven, ab 1941 auch Kunstwerke, Handschriften und Dokumente aus anderen Orten (wie z.B. dem Archiv der Universität Heidelberg) und letzten Endes auch Raubkunst.

Vom Felsenkeller zum Kunstbunker

Ort des Geschehens unserer Geschichte ist der zentrale und älteste Teil der Nürnberger Kunstbergungsanlage: der ehemals *Schmiedkeller* genannte Kunstbunker, dessen Eingang in der Oberen Schmiedgasse 52, direkt unterhalb der Burg, liegt.

Die heute *Historischer Kunstbunker* genannte Anlage hat keine Treppen, die nach unten führen, sondern ist fast komplett in einer Ebene angelegt. Ihre Gänge reichen aber horizontal weit in den Burgberg hinein, sodass in den hinteren Bereichen bis zu 24 Meter Felsüberdeckung vorhanden ist; mehr als ausreichend, um den Anforderungen eines bomben- und feuersicheren Bunkers Genüge zu tun. Heute kann die überraschend gut erhaltene Anlage im Rahmen von Führungen besucht werden. Die ursprüngliche Nutzung ist unbekannt. Der *Schmiedkeller* hatte damals nur den Eingang zur Straße hin, eine Brauerei war nicht in unmittelbarer Nähe und auch zur Burg selber existierte kein direkter Zugang. Eine historische Verwendung als Schmiede kann mangels eines Kamins und auch aufgrund der Größe mit hoher Wahrscheinlichkeit ausgeschlossen werden. Der Begriff »Schmiede« konnte in früheren Zeiten aber nicht nur für einen Ort, an dem metallene Gegenstände hergestellt wurden, verwendet, sondern auch eher allgemein für einen Ort in dem metallene Gegenstände verwahrt und repariert wurden. Eine Nutzung als Lager, wäre also plausibel, ist jedoch nicht belegt und daher reine Spekulation.

Die zuständigen Beamten hatten bereits vor Kriegsbeginn mit

Generator und elektrische Schaltanlagen
Der Generator befand sich neben dem Eingang zur Zelle 4 des Bunkers. Im Bild sieht man rechts den großen Hebel, mit dem die Stromversorgung vom städtischen Netz auf den Generator umgeschaltet werden konnte.
Heute befindet sich an dieser Stelle ein Generator aus einem Berliner Bunker, der aber ebenfalls aus dem Zweiten Weltkrieg stammt.

Planungen für den Ausbau des »Schmiedkellers« zur Rettung von städtischen Kunstwerken und Archivbeständen begonnen. Man war daher in der Lage mit den Arbeiten, noch vor Kriegsbeginn anzufangen. Bereits sechs Monate später (Anfang 1940) war das Bauvorhaben so weit gediehen, dass erste Kunstwerke eingelagert werden konnten. Zunächst handelten die Verantwortlichen in einer Art rechtlicher Grauzone. Bürgermeister Liebel war mit Sicherheit eingeweiht, dennoch waren solche Vorbereitungen nicht ganz ungefährlich, setzten sich die Beteiligten doch dem Vorwurf aus, nicht an den Endsieg zu glauben, was durchaus Konsequenzen hätte haben können. Insbesondere Liebels Kontrahent

Das gut erhaltene zentrale Gebläse der Klimaanlage
Noch heute kann man die gewaltigen, teils über einen halben Meter im Durchmesser großen, Rohre der Klimaanlage bestaunen. Von hier aus führten Rohre in alle Zellen des Bunkers.

Julius Streicher (Gauleiter Franken und berüchtigter Herausgeber des »Stürmer«; ein krankhafter, fanatischer Nazi) war aus diesem Grund anfangs nicht informiert worden.

Den Schmiedkeller hatte man aus mehreren praktischen Gründen ausgewählt: er liegt bis zu 24 Meter unter der Oberfläche, war in städtischem Besitz und besitzt vor allem eine Rampe, die kleineren Fahrzeugen die Einfahrt ermöglicht, sodass geheim gehalten werden konnte, was sich abspielte. An der Planung und Ausführung beteiligte Firmen und Personen wurden zu strengstem Stillschweigen verpflichtet.

Der Ausbau des Schmiedkellers zu einer Kunstbergungsanlage war eine technische Herausforderung, denn einerseits bot er durch die Felsüberdeckung idealen Schutz vor Bombeneinschlägen, andererseits ist das Klima in einem Keller im Sandstein alles andere als geeignet zur Aufbewahrung von Manuskripten, Bildern oder anderen empfindlichen Gegenständen. Die Temperatur liegt in diesen Kellern bei nur etwa zwölf Grad Celsius und die Luftfeuchtigkeit ist wegen der Wasserdurchlässigkeit des Sandsteins enorm hoch. Vor allem diese beiden Probleme mussten gelöst werden.

Die Gewölbe wurden mit Beton und Stützen verstärkt um eine noch weiter verbesserte Festigkeit zu erhalten. Dann wurden in verschiedenen Bereichen aufwändig isolierte *Zellen* eingebaut. Diese »Container« bestanden aus mehreren Schichten Dämmmaterial, Teerpappe, Heraklitplatten und ein bis zwei Lagen Ziegelsteinen. Die Eingänge wurden durch schwere Tresortüren gesichert. Das geschah nicht nur aus Diebstahlschutz-Gründen, sondern auch als Maßnahme gegen eventuelle Luftdruckschäden bei Bombenexplosionen. Eine Heizung wurde installiert sowie eine mächtige Klimaanlage eingebaut. Die Wasser- und Stromversorgung durch Tanks und den Generator sichergestellt. Die Zellen, Türen, Öfen, der Generator und die beeindruckend großen Rohre der Klimaanlage sind in Teilen noch heute vorhanden; ebenso der Bereitschaftsraum für die Wachen und die Sanitäranlagen. Durch Beheizung und die Klimaanlage wurde in den Zellen eine Raumtemperatur von etwa 18-19 Grad Celsius und eine Luftfeuchtigkeit von 45 Prozent erreicht. In dieser Umgebung ließen sich dann wertvolle Gemälde, Archivmaterialien und Manuskripte ohne Schaden zu nehmen unterbringen.

1941 wurde der Keller offizielle Kunstbergungsanlage und in das Kunstschutzprogramm des Reiches integriert.

Der Kunstbunker wurde noch bis in die 1970er Jahre betrieben, sogar die technische Ausstattung ist nach dem Krieg noch renoviert worden. So wurde beispielsweise noch eine neue Heizung installiert. Es hatte einfach so lange gedauert, bis die ursprünglichen Aufbewahrungsorte wieder hergestellt waren und alle Gegenstände zurückgeführt werden konnten.

Heute befinden sich keine Kunstwerke mehr im Bunker. Neben Gipsreplikaten und Originalverpackungskisten zeigt der Kunstbunker heute zahlreiche Fotos der einst eingelagerten Objekte, die hier sicher den Krieg überstanden haben. Mit Film- und Ton-Materialien wird auch die Zerstörung der Stadt und ihr Wiederaufbau dokumentiert. Ein dreidimensionales Modell der Nürnberger Felsengänge, die als Luftschutzanlagen dienten, kann ebenfalls bestaunt werden.

Was war alles im Kunstbunker?

Ohne Anspruch auf Vollständigkeit im folgenden eine Liste, welche die Bandbreite und den Umfang der Bergungsmaßnahme erahnen lässt. Es befanden sich im Kunstbunker:

- *Umfangreiche Bestände aus dem Nürnberger Stadtarchiv*
- *Martin Behaims Globus von 1492 (GNM (Germanisches Nationalmuseum))*
- *Werke von Albrecht Dürer (Kaiserportraits, Zeichnungen, Drucke; GNM)*
- *Das Kupferstichkabinett des GNM*
- *Historische Musikinstrumente (GNM)*
- *Historische Zeitmessgeräte und andere technische Gerätschaften (GNM)*
- *Die spätmittelalterlichen Kirchenfenster der Lorenz- und Sebalduskirche*
- *Der Engelsgruß von Veit Stoß (Lorenzkirche)*
- *Die Kunstuhr mit dem Männleinlaufen (Frauenkirche)*
- *Die Originale der Reichskleinodien*
- *Handschriften aus diversen Sammlungen, unter anderem:*
  - *Die Manessische Liederhandschrift (Archiv der Universität Heidelberg; um 1300)*
  - *Eine Ausgabe des Sachsenspiegels (Archiv der Universität Heidelberg; um 1200)*
- *Der Krakauer Hochaltar von Veit Stoß (1489; in Krakau geraubt)*
- *1944 ließ Albert Speer seine Planrollen aus Berlin nach Nürnberg bringen*

- *Bürgermeister Liebel ließ einige Dinge aus seinem Privatbesitz im Bunker einlagern:*
    - *Eine Prachtausgabe von »Mein Kampf« (Goldschnitt; handsigniert vom Führer)*
    - *Nicht 100%ig gesichert: Ein Service mit »zeitgenössischer« Ornamentik, dessen Verbleib unklar ist.*

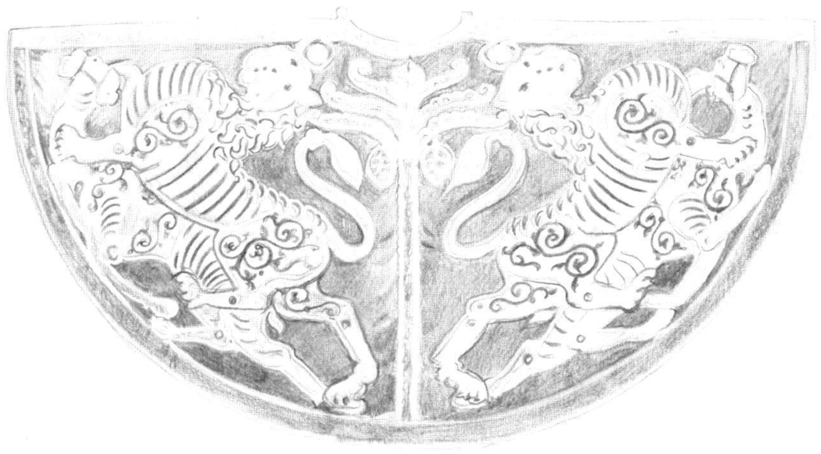

Der Krönungsmantel des Heiligen Römischen Reiches
Der Umhang für die Kaiserkrönungen stammt aus dem Hohen Mittelalter und wurde mit großer Wahrscheinlichkeit im 12. Jahrhundert für Friedrich II. (den Enkel Friedrich Barbarossas) angefertigt. Er veranschaulicht den Machtanspruch der mittelalterlichen Kaiser: eine Palme, Kamele und Löwen sind daruaf zu sehen. Das verdeutlicht, dass sich die Kaiser als Herren der Welt betrachteten; von der »Levante« (Naher Osten) über Nordafrika und Westeuropa, also das gesamte antike Römische Reich.

Neutorturm

Ab 1941 wurde die Kunstbergungsanlage in Nürnberg um einen Bereich des Mauerrings, den Neutorturm im Nordwesten der Stadt, erweitert. Zunächst als Luftschutzraum für die Bevölkerung gedacht, die ihm aber als Bunker wohl kein Vertrauen entgegenbrachte, wurde der Turm dann genutzt, um Objekte des Germanischen Nationalmuseums einzulagern. Er spielte daher eine bedeutende Rolle bei der erfolgreichen Rettung großer Teile der Bestände des Museums, dessen Gebäudesubstanz erhebliche Kriegsschäden erlitt.

Der Neutorturm dient heute noch als Depot, ist aber durch Asbest verseucht, sodass ein Betreten nur ausnahmsweise und in Schutzkleidung möglich ist.

Panierskeller

Ein ungefähr 230 Quadratmeter großer Bereich der Nürnberger Felsenkeller unterhalb des namensgebenden Paniersplatzes diente ab 1943 ebenfalls als Lagerort für Kunstschätze. Der Ausbau dieser Keller zum Bunker war aber nicht nur für den Kunstschutz vorgesehen. Der westliche Teil wurde als bombensicheres Ausweichquartier für Gau- und Parteileitung, Befehlsstellen und Behörden ausgebaut. Das Kommando der Rathauswache und eine Amtsstube für den Oberbürgermeister gehörten ebenfalls dazu.

Im »Panierskeller« lagerten unter anderem die Kopie und das aus Leningrad geraubte Original des Nürnberger *Neptunbrunnens*.

Der Paniersbunker ist heute, im Gegensatz zum Schmiedkeller, nicht öffentlich zugänglich. Ein Eingang befindet sich in einer Schule und der Keller wird nur gelegentlich für Führungen freigegeben.

Die Geschichte des Nürnberger Neptunbrunnens

Der größte barocke Brunnen nördlich der Alpen wurde nach dem Dreißigjährigen Krieg 1660 bis 1668 als »Monumentum Pacis« (Friedensdenkmal) von Christoph Ritter und Georg Schweigger für den Hauptmarkt geschaffen. Aus finanziellen Gründen ist der Brunnen aber niemals am geplanten Ort aufgestellt worden und wurde 1796 für 66.000 Gulden (ein stolzer Preis, der heute mehr als einer Million Euro entspräche) an den russischen Zaren verkauft, der ihn in Sankt Petersburg aufstellen ließ. Gelegentlich ist zu lesen, dass die Aufstellung in Nürnberg auch an technischen Problemen der Wasserversorgung scheiterte, was aber angesichts der zu jener Zeit bereits verfügbaren Technik wenig wahrscheinlich ist. Nürnberg litt, obwohl nie erobert oder zerstört, wirtschaftlich schwer an den Folgen des Dreißigjährigen Krieges, sodass Geldmangel als Grund erheblich plausibler erscheint.
Ein von Nürnberger Seite erhoffter Rückkauf scheiterte Ende des 19. Jahrhunderts. Stattdessen wurde durch die Mittel des jüdisch-deutschen Kaufmanns Ludwig Gerngros eine aufwändige Kopie und letztlich deren Aufstellung am ursprünglich geplanten Ort auf dem Hauptmarkt ermöglicht (1902). Neben dem Schönen Brunnen wurde er dort bald zu einer Touristenattraktion und in Reiseführern der damaligen Zeit ausdrücklich erwähnt.
Nach der Machtübernahme der Nationalsozialisten geriet er als »Judenbrunnen« ins Visier der Rassisten des Regimes.
Der Brunnen wurde 1934 ab- und 1937 auf dem damaligen Schlageterplatz (heute Willy-Brandt-Platz) außerhalb der

Stadtmauer in der Nähe des Bahnhofs wieder aufgebaut. Zusammen mit dem Petersburger Original, das 1943 von der Wehrmacht geraubt worden war, befand sich der demontierte Brunnen während des Zweiten Weltkriegs im Paniersbunker. Das Original wurde nach dem Krieg der Sowjetunion zurückgegeben. Die Kopie baute man zunächst am letzten Standort wieder auf. Aus stadtplanerischen Gründen (Verkehrsführung) versetzte man sie aber 1962 in den Stadtpark. Dort ist der Brunnen bis heute geblieben. Mehrere Versuche ihn zurück an die ursprüngliche Position auf dem Hauptmarkt zu versetzen, scheiterten (zuletzt 2012) am Widerspruch der Stadtverwaltung.

Der imposante Neptunbrunnen

Eine Krone auf Reisen

Kommen wir zurück zu den mysteriösen Vorgängen Ende März, Anfang April 1945. Was war es, das die Handelnden zu hanebüchenen Falschaussagen trieb und in der Folge die *Monuments Men* zu umfangreichen Ermittlungen? Was hatte solche Bedeutung, dass es für die Nationalsozialisten im Angesicht der militärischen Niederlage wichtig genug war, einen derartigen Aufwand zu betreiben? Geheimnisvolle Befehle von ganz oben, heimliche Aktionen und, wie sich bald herausstellte, einige Lügengeschichten sind die Zutaten der nebulösen Vorkommnisse. Warum hat der aus Deutschland ausgewanderte *Monuments Man* Walter Horn die Sache so hartnäckig verfolgt – was ist der Grund für all das?

Schon vor dem Einmarsch in Nürnberg kam Captain Thompson, einem leitenden Offizier der Kunstschutzabteilung der Army, zu Ohren, dass Teile der sogenannten Reichskleinodien des *Heiligen Römischen Reiches* abhanden gekommen wären. Wobei »abhanden gekommen« eine äußerst vorsichtige Wortwahl ist. Jedenfalls waren die Kleinodien zweifelsfrei eine Sache von höchster symbolischer Bedeutung für die Nazis, die ihren Machtanspruch ja auch mit der von ihnen propagierten rechtmäßigen Nachfolge jenes »1. Reiches« begründeten.

Doch zunächst werfen wir einen Blick in die frühere Geschichte:

Das Heilige Römische Reich

Im Jahr 800 wurde Karl der Große in Rom zum Kaiser gekrönt. In eigenem Selbstverständnis handelte es sich dabei um die Fortführung des antiken Römischen Reiches. Karl sah sich selbst als denjenigen, der aufgrund seiner schieren Macht rechtmäßig Nachfolger der antiken (west-)römischen Cäsaren war.

Abgesehen vom naheliegenden Status und dem Machtanspruch bis in den Nahen Osten hatte diese Sichtweise auch eine christlich-mystische Komponente. Das hat mit der sogenannten *Vier-Reiche-Lehre* zu tun. Diese fußt insbesonders auf dem Traum des babylonischen Königs Nebukadnezar von einem Standbild mit

Sergeant Sevenson (10.05.1945; mit Kopien der Reichskleinodien).
Wohl im Siegener Stollen, denn die Originale waren zu diesem Zeitpunkt in Nürnberg verschollen.

tönernen Füßen. Darüber wird im Alten Testament berichtet. Der König lässt demnach den Traum von David auslegen und der schreibt ihm, kurz gesagt, folgende Bedeutung zu: Es wird vier Weltreiche geben, denen das Reich des Messias (das »Tausendjährige Reich«) folgt.

Die frühen christlichen Lehrer und Kirchenväter, wie etwa Hieronymus oder Augustinus, interpretierten das antike Römische Imperium als das vierte dieser Weltreiche. Im Traum wird es durch die Beine des Standbilds symbolisiert – naheliegend, weil die zwei Beine gut die Teilung in West- und Ost-Rom bildlich darstellen. Der eigenen Logik folgend, konnte demnach das Römische Reich nicht »beendet« sein, da offensichtlich das Reich des Messias noch nicht errichtet worden war. Der durch die Völkerwanderung hervorgerufene Zerfall war somit höchstens als eine Art Interregnum zu sehen, dem der Franke Karl dann ein Ende setzte.

Um diese Sichtweise zu untermauern, erfand man den Gedanken der *translatio imperii* (lat. für Übergang der Macht), der die Übernahme der römischen Herrschaft durch die fränkischen Herrscher legitimieren sollte. Später wurde der Anspruch durch Otto I. erneuert und auf die ostfränkischen Herrscher übertragen. Daher wird die Geburtsstunde des *Heiligen Römischen Reiches* oft auch erst mit der Kaiserkrönung Ottos im Jahr 962 gleichgesetzt.

In heutigem Verständnis wird der Begriff Imperium ganz selbstverständlich mit »mächtiger Staat« übersetzt. Aber das ist, historisch gesehen, nicht ganz richtig, wie man bei näherer Betrachtung des Ausdrucks *translatio imperii* feststellen kann. Wie oben gesagt wurde, geht es nicht um die territoriale Ausdehnung eines Staatsgebildes, sondern um die Fähigkeit realer Machtausübung. Spanien, Nordafrika, der Nahe Osten und so weiter, wurden in der Antike nicht als »Römisches Staatsgebiet« gesehen, sondern als Gebiete, über die Rom herrschte. Nicht selten ließen die Römer sogar die politischen Strukturen in diesen Ländern bestehen.

In republikanischen Zeiten bedeutete die Wahl zum Konsul (also dem höchsten Amt in der Republik) wortwörtlich das Erringen der Macht, eben des Imperiums, der Herrschaft.

Dieser Gedanke war, zumindest bis in die frühe Neuzeit hinein, auch für das erneuerte (jetzt, wegen der gottgewollten Macht der Kirche, Heilige) Römische Reich prägend. Diese Sicht ist aber spätestens mit der Entwicklung der meisten europäischen Staaten zu mehr oder weniger zentralistischen Staatsgebilden in Vergessenheit geraten. Mit der französischen Revolution entstand endgültig auch die Vorstellung vom »Nationalstaat«. Der Begriff »Nation« erfuhr dabei einen tiefen Bedeutungswandel, denn ursprünglich hatte er überhaupt nichts mit »Staat« zu tun. Als um 1400 herum der Begriff »Nation« Einzug in die deutsche Sprache hielt, ging es nicht um einen Staat, sondern um einen Oberbegriff für diejenigen Völker, die große Gemeinsamkeiten, etwa in der Sprache, hatten. Die historisch weniger oft als meist vermutet benutzte Wendung *Heiliges Römisches Reich deutscher Nation* bedeutete ursprünglich also nicht »deutscher Staat«. Vielmehr ist es Ausdruck eben jener oben angesprochenen Idee der *translatio imperii* in die deutschsprachigen Länder nördlich der Alpen.

Wie wenig das Reich mit »Deutschland« (als Bezeichnung eines Staatsgebildes oder, wie man heute sagen würde, eines Völkerrechtssubjekts) zu tun hat und wie wenig der Kaiser »Landesherr« war, verdeutlicht eine Vielzahl von Fakten. Kaiser wurde man bis in die frühe Neuzeit hinein nicht durch Wahl oder Erbfolge, sondern durch Machtausübung. Gewählt wurde ein (römisch-) deutscher König, der wiederum eher ein *Primus inter Pares* (lat. Erster unter Gleichen) war. Der Kaiser musste wortwörtlich und oft gegen so manche Fürsten innerhalb des Reichs und den Papst in Rom seinen Anspruch durchsetzen. So einige Kaiser kann man nur mit gutem Willen als »Deutsche« bezeichnen. Außerdem – was bei einem Staat faktisch unmöglich wäre – gab es über lange Zeiträume hinweg gar keine gekrönten Kaiser; durchaus Beleg dafür, dass dieser Titel eben kein Staatsoberhaupt bezeichnete, sondern Ausdruck der »höchsten weltlichen Macht« war, die eben nicht jeder Aspirant erringen konnte. Wenn in päpstlichen Dokumenten vom »deutschen Kaiser« die Rede ist, meint das in der Regel nicht »Kaiser von Deutschland«, sondern vielmehr etwas abwertend »Der Deutsche, der Kaiser ist«.

Dieser Grundgedanke besteht bis zum Ende des Reiches fort, obwohl die Habsburger längst eine Erbmonarchie installiert hatten. Auch die Idee vom *Heiligen Römischen Römischen Reich* als Fortführung des antiken Reiches ist bis in die napoleonische Zeit präsent: *»Ich, Franz II., von Gottes Gnaden* römscher *Kaiser«* steht 1806 in der Abdankungsurkunde des letzten Kaisers. Mit diesem Akt beendet Franz II. das *Heilige Römische Reich*. Rein aus »verfassungsrechtlicher« Sicht war das nicht vorgesehen und hätte eigentlich zumindest die Einbeziehung der Reichsstände erfordert. Der König von England – als Kurfürst von Hannover gehörte er zu den Reichsständen – war auch zunächst nicht damit einverstanden, konnte aber im zersplitterten Reich keine Verbündete zur Verfolgung der Sache finden. Überhaupt war in den Wirren der napoleonischen Kriege das Reich unter praktischen Gesichtspunkten handlungsunfähig und Franz II. hatte unwiderrufliche Fakten geschaffen.

In der Folge wandelte sich das Verständnis von Kaisertum. Napoleon macht sich selbst zum Kaiser der Franzosen, Franz II. sich selbst zum Kaiser von Österreich und 1871 wurde Wilhelm I. der erste (wirklich) deutsche Kaiser.

Die Bedeutung der Kleinodien

Den Reichskleinodien des *Heiligen Römischen Reiches* kam für die Stellung der Kaiser eine heute schwer nachvollziehbare Bedeutung zu. Sie sind nicht einfach nur Kronschätze, sondern legitimieren den Herrschaftsanspruch. Dies resultiert aus der geschichtlichen Tradition bevor die Habsburger de facto eine Erbmonarchie installieren konnten. Davor musste ein ambitionierter Fürst zunächst seine Wahl zum römisch-deutschen König durchsetzen und dann die Kaiserkrönung durch den Papst … ja, oft genug »erzwingen«. Die Kontrolle über die norditalienischen Städte kann man ebenfalls als nicht niedergelegte, aber mehr oder weniger notwendige Voraussetzung ansehen. Die Symbolkraft der Reichskleinodien als »Ausweis der Macht«, ist daher kaum zu überschätzen. Über 1000 Jahre hinweg ist ihr Besitz der Beweis für die tatsächlich bestehende Fähigkeit zur Ausübung der kaiserlichen Gewalt, der höchsten weltlichen Macht an sich. Die resultierende Autorität hatte bis zum Beginn der Neuzeit Bestand! Der Besitz der Reichskleinodien war Ende des 18. Jahrhunderts noch immer von so hoher Bedeutung, dass man sie 1796 hastig vor den heranrückenden französischen Truppen in Sicherheit brachte. Es hieß, General Jourdan sollte die Herrschaftsinsignien für Frankreich gewinnen, womit tatsächlich in gewisser Weise die Rechtmäßigkeit eines paneuropäischen Herrschaftsanspruches bestätigt würde. Am 9. August 1776 rückte die französische Armee in Nürnberg ein. Aber die Reichskleinodien waren nicht mehr dort. Sie waren bereits am 23. Juli heimlich nach Regensburg gebracht worden, wo der Reichstag sie verwahren sollte. Schlussendlich landeten sie (im Jahr 1800) Wien. Die Aachener Teile folgten 1801.

Und knapp 150 Jahre später sind die Kleinodien auch den Nationalsozialisten nicht nur materiell wertvoll. In ihrer Ideologie wurde eine

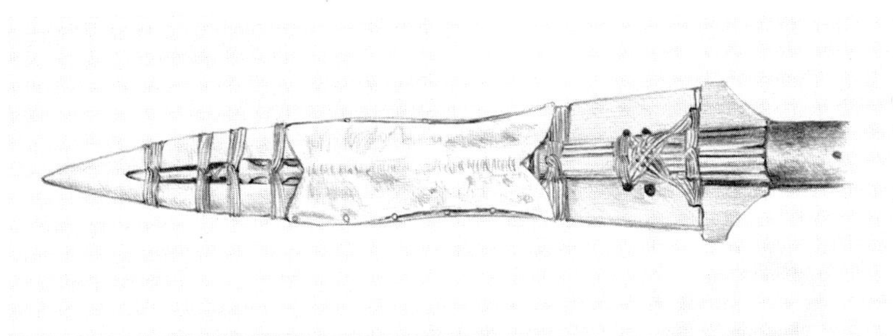

Die Heilige Lanze
Neben den Insignien der Macht (Krone, Reichsapfel und Zepter) und den Krönungsgewändern gehörten zum Kronschatz auch Reliquien. Deren wertvollste ist die Heilige Lanze. Mit ihr hat, der apokryphen Überlieferung zufolge, der Legionär Longinus dem gekreuzigten Jesus in die Seite gestochen und Christi Herz getroffen. Die Lanze ist also mit dem Herzblut Jesu' benetzt worden – als Reliquie kaum zu überbieten. Tatsächlich handelt sich um eine karolingische Flügellanze, die im Laufe der Jahre vielfach verändert, teilweise »erweitert« wurde. Beispielsweise sind Teile kunstvoll mit Silberdraht umwickelt, Fragmente von Kreuzigungsnägeln sind (angeblich) eingearbeitet und als das Blatt angebrochen war, wurde die Stelle mit Gold und Silberblech umhüllt. Zur Heiligen Lanze existiert eine Vielzahl von weiterführender Literatur.

Kontinuität vom »1.« zu ihrem »3. Reich« herbeifantasiert. Das ist historisch gesehen in vielerlei Hinsicht Unfug, war aber eine ganz bewusste Verdrehung der Tatsachen; eine vermeintlich historisch gerechtfertigte Basis ihres Herrschaftsanspruchs. Auf Anweisung von Hitler – Willy Liebel hatte diese Idee wohl als erster geäußert und stieß damit beim Führer auf offene Ohren – wurden die Kleinodien 1938, nachdem Österreich »heim ins Reich« geholt worden war, in einem streng bewachten Sonderzug aus Wien zurück nach Nürnberg gebracht. Dort sollten sie einmal in einem »Deutschen Museum«, quasi als Pilgerstätte des Deutschtums, in der Kongresshalle auf dem Reichsparteitagsgelände ausgestellt werden. Bekanntlich wurde die Kongresshalle nie fertiggestellt, der Krieg verlief bekanntlich nicht wie es die Nazis geplant hatten. Die Kleinodien wurden schließlich im Kunstbunker verstaut, wo sie in eigens angefertigten Schutzbehältern aus Kupfer verpackt und in einer eigenen Zelle (3) vor

Zerstörung und Diebstahl gesichert werden sollten.

Um die in der NS-Propaganda immer wieder bemühten Symbole des »deutschen« Kaisertums, welches es tatsächlich nur von 1871 bis 1918 gegeben hat, und des Reiches vor Verbringung in einen der voraussehbaren Siegerstaaten (mutmaßlich die USA) zu bewahren, inszenierten Liebel, Lincke, Schmeißner und Fries 1945 den uns mittlerweile bekannten, scheinbaren Abtransport dieser Kunstschätze.

Die Reichskleinodien

Aachener Kleinodien

Frühes Mittelalter bis 1800 in Aachen, 1801 bis 1938 in Wien, 1938 bis 1946 in Nürnberg, seit 1946 in Wien.

- *Reichsevangeliar (Krönungsevangeliar)*
  – Aachen, Ende des 8. Jahrhunderts
- *Stephansbursa*
  – karolingisch, 1. Drittel des 9. Jahrhunderts
- *Säbel Karls des Großen*
  – osteuropäisch, 2. Hälfte des 9. Jahrhunderts

Nürnberger Kleinodien

Von 1424 bis 1796 in Nürnberg, 1800 bis 1938 in Wien, 1938 bis 1946 in Nürnberg, seit 1946 in Wien.

Die Herrschaftsinsignien

- *Reichskrone*
  – deutsch, 2. Hälfte des 10. Jahrhunderts
- *Zepter*
  – deutsch, 1. Hälfte des 14. Jahrhunderts
- *Reichsapfel*
  – deutsch, etwa Ende des 12. Jahrhunderts
- *Reichsschwert (Mauritiusschwert)*
  – Scheide deutsch, 2. Drittel des 11. Jahrhunderts
- *Zeremonienschwert*
  – Palermo, 1220

Die Krönungsgewänder

- *Krönungsmantel (Pluviale)*
  – Palermo, 1133/34
- *Albe*
  – Palermo, 1181
- *Adlerdalmatika*
  – deutsch, vor 1350
- *Dalmatica (Tunicella)*
  – Palermo, um 1140
- *Handschuhe*
  – Palermo, 1220
- *Stola*
  – mittelitalienisch, vor 1338
- *Strümpfe*
  – Palermo, um 1170
- *Schuhe*
  – Palermo, um 1130 oder um 1220

Reliquien

- *Reichskreuz*
  – westdeutsch, um 1024/1025
- *Heilige Lanze*
  – karolingisch, 8./9. Jahrhundert
- *Kreuzpartikel*
  – Ort und Entstehungsdatum unbekannt
- *Aspergile*
  – deutsch, 1. Hälfte des 14. Jahrhunderts

- *Reliquiar mit den Kettengliedern*
  – Rom, um 1368
- *Reliquiar mit einem Gewandstück des Evangelisten Johannes*
  – Rom oder Prag, um 1368
- *Reliquiar mit einem Span der Krippe Christi*
  – Rom oder Prag, um 1368
- *Reliquiar mit dem Armbein der heiligen Anna*
  – wahrscheinlich Prag, nach 1350
- *Reliquiar mit einem Zahn Johannes des Täufers*
  – Prag, nach 1350
- *Tuchreliquiar mit einem Stück vom Tischtuch des letzten Abendmahls*
  – unbekannte Provinienz
- *Tuchreliquiar mit einem Stück der Schürze Christi bei der Fußwaschung*
  – unbekannte Provinienz

Die Kleinodien wurden vom Mittelalter bis in die Neuzeit in passenden Behältern aus Holz und Leder aufbewahrt.
Die angegebenen Daten und Orte zur Herstellung, beziehungsweise Eingliederung in den Kronschatz sind oft Schätzungen oder anhand ihrer ersten Erwähnung abgeleitet. Frühe Listen (etwa von Gottfried von Viterbo aus dem 12. Jahrhundert) sprechen nur von fünf oder sechs Objekten: Das heilige Kreuz (mit der heiligen Lanze), Krone, Reichsapfel, Zepter und das (Mauritius-) Schwert. Später spricht man bei diesen Gegenständen von den »Herrschaftsinsignien« als Teil der Reichskleinodien.

Die Reihenfolge der Eingliederung in den offiziellen Bestand der Kleinodien ist erstaunlicherweise kaum nachvollziehbar. Gottfried von Viterbo erwähnt die Aachener Stücke (Evangeliar, Bursa und Säbel) überhaupt nicht, obwohl es sich bei ihnen wohl um die ältesten Gegenstände handelt und sie ihm hätten bekannt sein müssen. Im Laufe der Zeit erhalten mehr und mehr Dinge Bedeutung für die Krönungsliturgie. Der heutige Bestand ist eine Sammlung, die über Jahrhunderte zusammengestellt wurde. Allerdings gingen auch immer wieder Teile verloren! Kaum zu glauben. Bei der Flüchtung aus Nürnberg im Jahr 1796 verschwanden einzelne Gegenstände (Reliquien und Gewandteile). Das Krönungsevangeliar dürfte das einzige Teil der vorhandenen Reichskleinodien sein, das Karl der Große, der Gründer des Reichs, tatsächlich selbst berührt hat.

Von den Reisen des Kronschatzes

Bis 1424 hatten die Kleinodien keinen festen Ort zur Aufbewahrung. Nicht selten hatten die Kaiser – die im *Heiligen Römischen Reich* im Mittelalter und der frühen Neuzeit viel »unterwegs« waren – sie bei ihren Reisen im Gepäck. Ihr Besitz war wichtiger Beleg für die Rechtmäßigkeit des Herrschaftsanspruches. Immer wieder wurden sie aber auch in Burgen treuer Gefolgsleute gelagert. Unter anderem in:

- Benediktinerabtei Limburg bei Dürkheim (Pfalz) (11. Jh.)
- Kaiserpfalz Goslar (11., 13. Jh.)
- Burg Trifels bei Annweiler (12., 13. Jh.)
- Schloss Kyburg bei Winterthur (13., 14. Jh.),
- München (14. Jh.)
- Plintenburg (15. Jh.)

Im Mittelalter stellten freie Reichsstädte, also Städte, die nicht dem Landesherrn ihrer geografischen Lage, sondern direkt dem Kaiser unterstellt waren, ein wichtiges Machtmittel der Kaiser gegenüber den oft nicht freundlich gesonnenen Fürsten dar. Der Kaiser war ja kein nationalstaatlicher Herrscher im modernen Sinn. Die Fürstentümer waren souverän. Die Unterordnung unter einen Kaiser, so war das Selbstverständnis, geschah freiwillig und konnte – und wurde auch so manches Mal – beendet werden. Für die Kaiser waren freie Reichsstädte innerhalb der Fürstentümer daher bedeutungsvoll. Mit steigendem Reichtum (und auch militärischer Stärke) der Städte waren sie kaiserliche Machtzentren in Gebieten, die der Kaiser nicht als Landesherr beherrschte. Natürlich bestand immer die Gefahr, dass mächtige Städte sich vom Kaiser abwandten – im Zuge der Reformation oder auch im 30jährigen Krieg geschah dies nicht selten. Um solchen Entwicklungen vorzubeugen, wurden Reichsstädte oft mit Privilegien und anderen Vergünstigungen und Rechten bedacht.

Was der spätere Kaiser Siegismund 1423 der Stadt Nürnberg zusprach, war trotz des unzweifelhaften Wertes der Dinge weniger materiell von Bedeutung, als vielmehr eine gewaltige Aufwertung des Status' und ein Prestigegewinn für die in jener Zeit sowieso schon wichtige »Metropole« des Reiches.

[...] auf ewige Zeiten, unwiderruflich und unanfechtbar [...], erklärte er Nürnberg zum Aufbewahrungsort der Reichskleinodien!

Was dieser Akt für die Stadt bedeutete, kann man gar nicht überschätzen! Am 22. März 1424 trafen die Kleinodien in Nürnberg ein. Man bewahrte sie publikumswirksam in einer angemessen wertvollen, eigens hergestellten Truhe auf, die an Ketten im Schiff der Kirche des Heilig-Geist-Spitals aufgehängt wurde. Ein öffentlicher, also sehr sicherer Ort, der einen Diebstahl praktisch unmöglich machte. Einmal im Jahr wurde die Truhe auf den Marktplatz gebracht und geöffnet. Zur sogenannten *Heiltumsweisung* zeigte man dem auch aus dem Umland sich zahlreich einfindenden Volk die Kleinodien und erklärte ihre Bedeutung. Nur zu Kaiserkrönungen verließen sie Nürnberg.

Später, als die Habsburger aus dem *Heiligen Römischen Reich* faktisch eine Erbmonarchie gemacht hatten, verloren die Reichskleinodien einiges von ihrer Symbolkraft. Im späten 18. Jahrhundert wurde sich, unter anderem auch von Goethe, über die mittelalterliche »Theaterkleidung« sogar öffentlich lustig gemacht. Trotzdem: als sich 1796 französische Truppen Nürnberg näherten, brachte man hektisch die Kleinodien fort, um zu verhindern, dass sich Frankreich ihrer bemächtigte. Für die Franzosen war Karl der Große, Charlemagne, der Gründer »ihres« eigenen Reiches. Hier schwingt noch immer – und zwar auf beiden Seiten – die fast schon archaische Idee der Legitimation durch die Insignien der Macht mit. Die Krone Karls des Großen (die allerdings zur Zeit Karls noch nicht existierte) hätte auch für die französische Republik paneuropäischen Machtanspruch bedeutet – etwas später für den ambitionierten Napoleon Bonaparte noch mehr.

Für den amtierenden Habsburger-Kaiser in Wien wäre es symbolschwer der Verlust eben dieses Anspruches gewesen. 1806 legte Franz II. die Kaiserkrone des *Heiligen Römischen Reiches* nieder und löste das Reich auf. Napoleon hatte sich selbst zum »Kaiser der Franzosen« erklärt. Die Krone des Heiligen Römischen Reiches wäre Legitimation für die Unterwerfung der anderen europäischen Länder gewesen. Auch dabei war der Gedanke Folgerichtig erklärte Franz II. nicht mehr in der Lage zu sein seinen Pflichten nachkommen zu können. Die Kleinodien waren, wie gesagt, schon 1796 aus Nürnberg fort gebracht worden. Über Regensburg und das Kloster St. Emmeram gelangten sie schließlich im Jahr 1800 nach Wien. 1801 folgten auch die Stücke aus Aachen. Da war es nichts mehr mit dem zugesicherten Aufbewahrungsort »*auf ewige Zeiten, unwiderruflich und unanfechtbar*«. Ein Zustand, den Nürnberg nach dem Ende der napoleonischen Kriege aber wieder herzustellen gedachte. Über Jahrzehnte hinweg, mit Diplomatie, sanftem Druck, öffentlichen »Anzeigen« in auflagenstarken Zeitungen, wurden Kampagnen lanciert. Vergeblich. Im Kern wurde den Nürnbergern immer wieder beschieden, dass es kein Reich mehr gäbe, folglich keine Reichsstädte mehr, folglich keinen Anspruch auf Rückführung. Die Kleinodien – und zwar sowohl die Nürnberger wie auch die Aachener – blieben in Wien.

Doch die Geschichte ist damit noch nicht zu Ende. 1933 gelangten die Nationalsozialisten unter Führung von Adolf Hitler an die Macht. Die Nazis liebten Pomp, Symbolismus … und sie wollten Legitimation ihrer (Allein-) Herrschaft. So wurde eine historische Kontinuität konstruiert, die geschichtsvergessen einen Bogen vom *Heiligen Römischen Reich* (dem 1. Reich), über das Deutsche Kaiserreich von 1871 (dem 2. Reich) zu ihrem 3. Reich schuf. In dieser Sichtweise wurde die demokratische »*Weimarer Republik*« völlig marginalisiert; sie erscheint mehr oder weniger als Ausrutscher der Geschichte, gewaltsam durch das »Diktat von

Versailles« von außen aufgezwungen. Als wohl beabsichtigter »Nebeneffekt« kann man aus diesem Blickwinkel autoritäre Strukturen zur Normalität erklären! In dieser Gedankenwelt spielten die Reichskleinodien daher durchaus eine Rolle. Wilhelm Liebel, Hitlers »liebster Bürgermeister«, seit 1933 OB in Nürnberg, war ein »typischer« Nazi-Funktionär. Begeistert von der Ideologie verschloss er, wie Millionen anderer, die Augen vor den Verbrechen und war von Anfang an in Verbindung zu den höchsten Kreisen in Berlin. Unter anderem übermittelte Hitler persönliche Glückwünsche zu den Geburten seiner Kinder, schenkte der ältesten Tochter einen Schäferhund und Herrmann Göring war Taufpate der Zweitältesten. Man kannte und schätzte sich.

Liebel ließ seine Beziehungen spielen, überzeugte den »Führer« von der Symbolkraft der Reichskleinodien und deren öffentlichkeitswirksamen Ausstellen in »des Deutschen Reiches Schatzkästlein«, wie Adolf Hitler Nürnberg gern bezeichnete. Der Schatz kehrte 1938 in einem Sonderzug unter höchster Geheimhaltung in die Stadt seiner historischen Aufbewahrung zurück, die er 1796 verlassen hatte. Die Aachener Kleinodien wurden übrigens auch nach Nürnberg gebracht, obwohl sie in der Vergangenheit dort niemals aufbewahrt gewesen waren.

Hitler hatte genaue Vorstellungen davon, wie weiter verfahren werden sollte. Auf dem Reichsparteitagsgelände im Süden Nürnbergs sollte, natürlich geplant von Albert Speer, die Kongresshalle entstehen. Hitlers Plan sah vor, die Kleinodien dort in einem eigenen Museum auszustellen. Wie auf einem Altar sollten sie präsentiert werden. Und wieder war der Beweggrund, diesen Schatz in eine real nicht existierende Tradition einzubetten, die das *Heilige Römische Reich* (das ziemlich genau 1000 Jahre existierte) mit dem eigenen »3. Reich« (das gerade einmal zwölf, allerdings verheerende, Jahre währte) verbinden sollte.

Weil die Kongresshalle noch nicht fertiggestellt war (und es auch nie werden sollte), war Hitler einverstanden, die Reichskleinodien zunächst in der Katharinenkirche der Allgemeinheit zu zeigen.

Der Plan für eine Deutsche Gedenkstätte wurde durch den Verlauf des Krieges vereitelt. Nürnberg mit seiner kriegswichtigen Industrie, dem großen Güterbahnhof und natürlich als »Stadt der Reichsparteitage«, wurde seit 1943 dann auch mehr und mehr Ziel immer heftigerer Luftangriffe. Die Kleinodien wurden vorsichtshalber in die Kunstbergungsanlage in der Oberen Schmiedgasse verbracht. Doch dort endete ihre Reise immer noch nicht.

Irgendwann Ende März oder Anfang April 1945, als die amerikanischen Truppen bereits nahe bei Nürnberg standen (am 16. April 1945 werden sie in Nürnberg einrücken), verschwanden die zentralen Stücke, die wahren »Insignien der Macht«, nämlich Krone, Reichsapfel, Zepter und zwei Schwerter, auf geheimnisvolle Weise aus dem »Kunstbunker«.

Die Aufklärung

Am 19. Juni 1945 wurde der zuständige *Monument Man*, Captain Thompson, davon unterrichtet, dass Teile der Reichskleinodien des *Heiligen Römischen Reiches* im Kunstbunker in Nürnberg nicht auffindbar seien. Ein Brief von Dr. Troche (dem Direktor des Germanischen Nationalmuseums), der bei der Inventarisierung des Bunkers beteiligt war, informierte ihn darüber.

Bei den darauf folgenden Nachforschungen sagte schon am 20. Juni 1945 Dr. Lutze (seit 1941 Direktor der Städtischen Galerie in Nürnberg) aus, die fehlenden Stücke seien am 30. März in zwei Kisten verpackt der SS übergeben und an einen ihm unbekannten Ort verbacht worden. Am 30. Juni erklärte Dr. Fries auf Anfrage von Thompson schriftlich, er selber habe, zusammen mit Schmeißner, Lincke und dem Oberbürgermeister Liebel, am 2. oder 3. April 1945 Krone, Reichsapfel, Zepter und die beiden Reichsschwerter einem SS Major übergeben, der sie mit unbekanntem Ziel fortgeschafft habe. Hier ergaben sich also bezüglich des Datums erste Ungereimtheiten. Im Prinzip wurden die Aussagen aber zunächst bei der Vernehmung des Leiters des Reichssicherheitshauptamtes II, des SS Obersturmbannführers Spacil, am 22. Juli in München mehr oder weniger bestätigt. Der behauptete sogar zu wissen, die Schätze seien im Zeller See in Österreich unwiederbringlich versenkt worden. Befragungen von Zivilisten in Nürnberg bestätigten die Übergabe von Kisten im fraglichen Zeitraum an die SS vor dem Eingang des Bunkers.

Daraufhin wurde Walter Horn von der US-Armee mit den weiteren Ermittlungen in dieser Sache betraut und nach Nürnberg beordert. Horn wusste natürlich, dass die Kleinodien für kurze Zeit in der Katharinenkirche aufbewahrt und dann zum Schutz vor Zerstörung und Diebstahl in die Nürnberger Kunstbergungsanlage gebracht worden waren. Noch bevor er in Nürnberg eintraf, kamen ihm dann von verschiedenen Seiten wilde Gerüchte vom versenkten Schatz zu Ohren. Ob diese bewusst in oder von SS-Kreisen gesät worden waren, ließ und lässt sich bis heute nicht klären. Jedenfalls waren die Krone, Zepter, Reichsapfel und Schwerter augenscheinlich unwiederbringlich verloren und die Suche von Walter Horn schien beendet kaum dass sie begonnen hatte.

Aber es blieben Zweifel. Allein die unterschiedlichen Angaben zum Zeitpunkt des Abtransportes machten Walter Horn misstrauisch. Er ließ die Dinge nicht auf sich beruhen. Am Abend des 22. Juli 1945 traf er in Nürnberg ein und begann unverzüglich mit der Vernehmung von mutmaßlich Beteiligten. Schmeißner und Fries, denen man nach der Kapitulation Nürnbergs am 20. April, habhaft werden konnte, gehörten dazu. Im Zuge der Ermittlungen mehrten sich die Zweifel an der präsentierten Geschichte. Konnte es wirklich sein, dass die Beteiligten unterschiedliche Erinnerungen zum Tag des Geschehens hatten? Horn vermutete eine von langer Hand geplante Aktion. Aber von wem? Und warum? Weitere Nachforschungen erhärteten den Verdacht, bereits im Oktober 1944 habe es einen Plan, gedeckt von »ganz oben«, gegeben. Zu diesem Zeitpunkt begannen vermehrt gezielte Luftangriffe auf die bisher in weiten Teilen noch immer gut erhaltene Nürnberger Innenstadt. Die Gefahr für die Kunstbergungsanlage stieg beängstigend an.

Als gesichert war schließlich folgendes anzunehmen: Bürgermeister Liebel hatte dem mit dem Kunstluftschutz betrauten Oberbaurat Schmeißner aufgetragen, für die Herstellung geeigneter Kupferbehälter zur sicheren Aufbewahrung der wichtigsten Reichskleinodien zu sorgen. Schmeißner bat daraufhin seinen Kollegen Lincke sich um die Angelegenheit zu kümmern und der wiederum beauftragte Ende Oktober einen Kupferschmied namens Baum vier solcher Behälter anzufertigen. Lincke hatte sich übrigens zu Kriegsende aus Nürnberg abgesetzt und konnte nicht selbst vernommen werden. Schmeißner und Fries waren der Ansicht, dass Liebel direkten Auftrag von Heinrich Himmler hatte und sich »lediglich« um die Durchführung kümmerte. Sie beide hätten wiederum nur auf Befehl Liebels gehandelt. Angesichts der Tatsache, dass sowohl Liebel wie auch Himmler zum Zeitpunkt der Untersuchungen tot waren und die Aussagen weder bestätigen noch dementieren konnten, waren die Auslassungen der beiden insofern nicht nachprüfbar. Liebels Sekretär Dreykorn konnte immerhin bestätigen, dass der Bürgermeister im Herbst oder Winter 1944 in Berlin bezüglich des Vorgehens hinsichtlich des Kronschatzes angefragt hatte.

Am 30. März haben dann alle unmittelbar Beteiligten – Liebel, Schmeißner, Fries, Lincke (und Baum) – zusammen die Gegenstände sorgfältig in die extra hergestellten Behälter verpackt. Aber was geschah dann damit?

Im Laufe der weiteren Verhöre beharrten Schmeißner und Fries zunächst weiter auf dem Narrativ, dass die Reichsinsignien von Liebel und Fries einem SS-Offizier übergeben worden wären. Der habe sie mit unbekanntem Ziel abtransportiert.

Horns Ermittlungen steckten in einer Sackgasse. Die präsentierte Geschichte klang unglaubwürdig, aber wie sollte jetzt verfahren werden, um Licht in die Sache zu bekommen? Horn beschloss, den Druck auf Fries zu erhöhen. Er ließ Fries gefangen nehmen und in ein Verhörzentrum der US-Army überstellen. Dort sperrte man ihn über Nacht in eine Einzelzelle. Zeit zum Nachdenken, könnte man sagen. Am folgenden Morgen wurde er von Walter Horn verhört. Dabei wurden wohl auch einige eindringliche Warnungen vor den Konsequenzen von Falschaussagen »dargelegt«. Horn drohte auch, eine direkte Konfrontation mit Obersturmbannführer Spacil herbeizuführen. In dessen Person vermutete er den ominösen SS-Mann, der mutmaßlich die Herrschaftsinsignien aus dem Kunstbunker abgeholt und aus Nürnberg fortgebracht hatte.

Dr. Fries war natürlich bewusst, wie gefährlich es für ihn werden konnte, wenn Spacil, um die eigene Haut zu retten, gestehen würde, dass die transportierten Kisten leer gewesen waren. So revidierte er schließlich seine früheren Aussagen. Das angedrohte Aufeinandertreffen mit Spacil hat in der Folge nie stattgefunden. Fries gab jetzt unumwunden zu gelogen zu haben. Die Insignien, so gab er zu Protokoll, seien niemals irgendeinem SS-Offizier übergeben, sondern Ende März im Panierskeller in einer Nische eingemauert worden. Er sagte weiter aus, dass neben ihm und Oberbürgermeister Liebel auch Dr. Schmeißner, Julius Lincke und ein Handwerker beteiligt waren. Ob es sich bei dem »Handwerker« um den Kupferschmied Baum handelte, geht aus den Dokumenten nicht hervor, ist aber naheliegend. Fries gestand ferner, man habe einige Tage später eine »Camouflage Aktion« organisiert, bei der von SS-Leuten einige leere Kisten in einem Auto weggeschafft wurden. Er erklärte sich am Ende auch bereit, bei der Bergung persönlich mitzuwirken und das Versteck preiszugeben. Dass es noch immer gewisse Widersprüche bezüglich des Datums der Aktion gab, spielte jetzt keine Rolle mehr. Die Dinge kamen endlich ins Rollen.

Am Abend des 6. August wurde Dr. Schmeißner mit der Aussage Fries' konfrontiert. Und auch ihm wurden deutlich die Folgen aufgezeigt, die wissentliche Falschaussagen nach sich ziehen würden. Schmeißner räumte ein, dass die neue Version der Geschichte der Wahrheit entspräche.

Am nächsten Tag führten die beiden eine offizielle Delegation, bestehend aus dem Kunstschutzoffizier Horn, Captain Thompson sowie den Herren Troche (Direktor des GNM), Lohuis (»Technician Fifth Grade«), Dollar (»Private First Class«), sowie einen nicht namentlich genannten Maurer, zum Versteck im Panierskeller. Die zugemauerte Nische wurde aufgebrochen und man fand Kupferbehälter, die augenscheinlich die Herrschaftsinsignien enthielten.

Die Behälter wurden verschlossen in den »Kunstbunker« zurückgebracht und am Nachmittag des folgenden Tages geöffnet. Dort waren dann zusätzlich zu den oben genannten zusätzlich noch Inspektor Claus, Oberinspektor Emge und Dr. Schwemmer anwesend. Alle bezeugten schriftlich den Vorgang. In den Kupferbehältern fanden sich tatsächlich Krone, Reichsapfel, Zepter, das Reichsschwert und das Mauritiusschwert, also die vermissten Stücke.

Alles wurde wieder in den originalen, mittelalterlichen Behältern verstaut. Walter Horn konnte offiziell die Vollständigkeit des Kronschatzes des *Heiligen Römischen Reiches* bestätigen.

Was weiter geschah

Für Dr. Fries und Dr. Schmeißner hatte die Sache ein juristisches Nachspiel. Sie wurden wegen Verbergens von Kunstwerken, Falschaussage und Diebstahl vor einem amerikanischen Militärgericht angeklagt und verurteilt. Auch wurde der Vorwurf erhoben, das Trio (also inklusive des zu diesem Zeitpunkt nicht auffindbaren Julius Lincke) habe die Reichskleinodien als Symbole für eine nationalsozialistische Widerstandsbewegung verwenden und sie bis dahin in Sicherheit bringen wollen. Tatsächlich scheint dieser Gedanke in einigen Kreisen präsent gewesen zu sein. Vor Gericht bestritten beide vehement derartige Anschuldigungen und man darf ihnen das auch glauben. Sie waren keine fanatischen Nazis.

Trotzdem wurden Schmeißner und Fries zu mehrjährigen Haft- und hohen Geldstrafen verurteilt. Sie kamen allerdings nach 20 beziehungsweise 22 Monaten wieder frei und die in Reichsmark festgelegte Geldstrafe wurde komplett erlassen. Die hatte wegen der galoppierenden Inflation und dem Zusammenbruch der Währung sowieso keinen Sinn mehr.

Schmeißner und Fries waren in Nürnberg beliebt. Mehrere Zeitzeugen berichten, dass in der Stadtverwaltung mehrfach für ihre Familien gesammelt wurde, um deren Lebensunterhalt in der Nachkriegszeit zu sichern.

Da die amerikanischen Besatzungsbehörden wohl tatsächlich den Symbolwert der Reichskleinodien für eine eventuelle nationalsozialistische Widerstandsbewegung fürchteten und weil der Alliierte Kontrollrat beschlossen hatte, dem Antrag der österreichischen Bundesregierung auf Rückführung nach Wien zu entsprechen, wurden die in Kisten verpackten Kleinodien Anfang 1946 nach Wien geflogen. Seit 1954 werden sie in der Schatzkammer der Wiener Hofburg ausgestellt, wo man sie bis heute besichtigen kann. Verschiedene Kopien, die zum Teil schon vor dem Ersten Weltkrieg angefertigt wurden, befinden sich in Nürnberg (Stadtmuseum Fembohaus), in Aachen (Krönungssaal des Rathauses), in Frankfurt am Main (Historisches Museum), sowie in der Waldburg in Oberschwaben und auf der Burg Trifels (im Pfälzerwald).

In Schwäbisch Gmünd, der ältesten Stauferstadt, wurden 2012 Repliken von Krone, Zepter, Reichsapfel, der Schwerter, Handschuhe und Schuhe sowie des Krönungsmantels hergestellt.

Die Kaiserkrone in ihrem heutigen Zustand

Die Reichskrone

Oft fälschlicherweise als Krone Karls des Großen bezeichnet, wurde die Reichskrone vermutlich erst zur Krönung von Otto I. im Jahr 962 hergestellt. Sie ist in vielerlei Hinsicht bemerkenswert. Jedes Detail hat mystische Bedeutung: von der Anzahl und Farbe der Edelsteine über diverse Inschriften, dem Hochbügel mit dem Namen Konrads II., bis hin zum über der Stirnplatte angebrachten Kreuz. Letzteres wurde erst Anfang des 11. Jahrhunderts hinzugefügt – wahrscheinlich auf Anregung der Kirche, die damit greifbar darstellen wollte, dass die weltliche Macht des Kaisers von Gottes Gnaden ist. Der Durchmesser der Krone (von der Stirn- zur Nackenplatte) beträgt 21 Zentimeter. Sie ist (im Laufe der Zeit unterschiedlich) etwa drei bis vier Kilogramm schwer.

In der westlichen Welt ist sie die einzige Krone, die keinen durchgehenden geschmiedeten Reif hat. Er besteht hier aus acht Goldplatten (Höhe 12 bis 15 Zentimeter), die mit Scharnieren und Golddraht verbunden sind. Die Acht ist Symbol für das himmlische Jerusalem mit seinen acht Toren und auch für die acht Menschen, welche die Sintflut überlebten; also ist diese Zahl ein Sinnbild für die Verbundenheit mit Gott: Die Acht ist eine »vollkommene Zahl« in der christlichen Mystik und noch heute sind Taufbecken, also die erste Verbindung eines Menschen mit dem Göttlichen, achteckig.

Die beiden größeren Platten vorn und hinten sind mit jeweils zwölf großen Edelsteinen besetzt, was natürlich auf die zwölf Apostel und die zwölf Stämme Israels verweist. Aber nicht nur das: Es sind 140 Edelsteine verarbeitet. 36 kleine und 84 größere. Die Gesamtzahl der Perlen beträgt 240 – 144 große und 96 kleinere. Alle diese Zahlen sind durch 12 teilbar … und wenn man jetzt tiefer in die Zahlenmystik eintaucht, finden sich unzählige symbolträchtige Quersummen und Verbindungen. So erscheint ebenfalls immer wieder die Drei und die Neun; auch dies »bedeutungsschwere« Zahlen. Die Diagonalen bilden vier emaillierte Platten. Die erste zeigt Christus den »Allherrscher« mit der Inschrift »P[er] me reges regnant« (lat.: durch mich regieren die Könige). Auf den drei anderen sind die alttestamentarischen Könige Salomon, David und Ezechias (zusammen mit dem Propheten Jesaja) abgebildet. Sie stehen für die rechtmäßigen Herrschaft des Trägers der Krone. Zudem symbolisieren sie die drei zentralen Königstugenden Gerechtigkeit, Weisheit und Gottvertrauen. Auf den Spruchbändern welche die Könige halten, sind Teile der Krönungsliturgie abgebildet. Die Krone wurde im Laufe der Zeit mehrfach verändert. Die Hinzufügung von Kreuz und Bügel wurde bereits erwähnt. Erstaunlicherweise für einen derart zentralen Gegenstand gingen sogar Teile auf unbekannte Weise verloren! Bevor das Kreuz angebracht wurde, befanden sich mit einiger Sicherheit oben auf der Stirn- und Nackenplatte sowie auf den beiden Seiten je drei aufrecht stehende längliche Perlen (wieder zwölf). Halterungen an den Seiten lassen Kettengehänge (Pendilen) vermuten. Ursprünglich befand sich im Inneren eine Bischofsmitra: Auch hier eine gewisse Unterordnung, denn ein Bischof erhält sein Amt vom Papst verliehen. Gleichzeitig ist es ein Zeichen für das Gottesgnadentum der Kaiserwürde. Die Mitra wurde im 18. Jahrhundert durch eine neutrale Samtkappe ersetzt. Im Zeitalter der Aufklärung und durch die faktische Wandlung des mittelalterlichen Kaisertums zu einer (habsburgerischen) Erbmonarchie erfolgte durch diese Modifikation gewissermaßen eine Säkularisierung des Kaisertums.

Herausragendes und zugleich rätselhaftestes Beispiel für das Verschwinden eines Bestandteils ist aber der Verlust des sogenannten »Waisen«. Dabei handelte es um den »Kohinoor des Mittelalters«, den seinerzeit berühmtesten Edelstein. Er war an der Stirn- oder an der Nackenplatte befestigt. Die meisten Fachleute verorten ihn vorne. Welcher Art dieser Stein war, ist unbekannt. Albertus Magnus beschreibt ihn Mitte des 13. Jahrhundert als von rötlich-weißer Farbe. Er führt weiter aus, der »Waise« habe früher sogar von selbst geleuchtet. Die Beschreibungen deuten auf einen Opal oder Granat hin. Auf der Stirnplatte ist heute ein Saphir, der offensichtlich nicht in die ursprüngliche Aussparung passt, denn diese ist unzweifelhaft vergrößert worden. Mitte des 14. Jahrhunderts wird der »Waise« zum letzten Mal urkundlich erwähnt. Sein Verbleib ist unbekannt. Auch einige andere Edelsteine und Perlen sind offensichtlich im Laufe der Jahrhunderte ersetzt worden, was man daran erkennen kann, dass sie nicht 100%ig in die vorhanden Einschnitte in den goldenen Platten passen.

Im jetzigen Zustand sind außerdem einige Platten verbogen oder gebrochen. Keine Veränderung oder Beschädigung lässt sich genau datieren.

Der Kunstbunker heute

Die Rampe zur Oberen Schmiedgasse, an der Eingang zum »Kunstbunker« befindet. Wo sich heute eine Glastür ist (die hier am Ende des Ganges zu sehen ist), gab es eine relativ unscheinbare, aber gut gesicherte Tür. Auch während der häufigen Luftangriffe wurde Zivilisten hier kein Zugang gewährt.

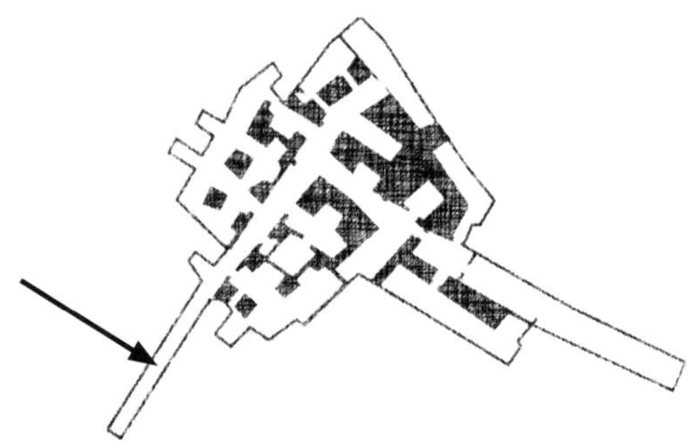

Blick in die Zelle 5 des Kunstbunkers. Gut erhalten sind die Heraklit-Dämmschicht und die Balken, die an vielen Stellen den Kellern zusätzlich absichern sollten.

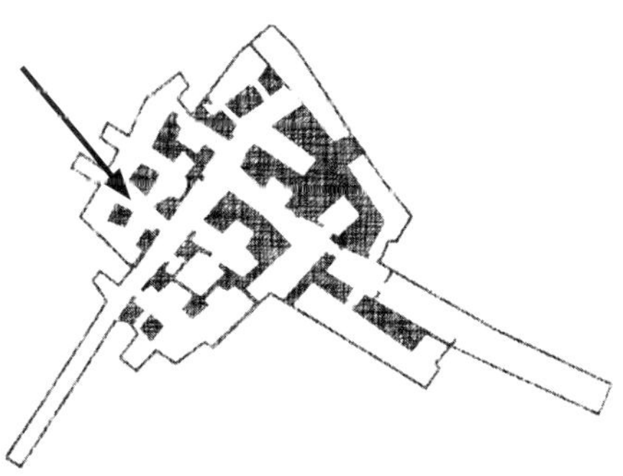

Gegenüber des Generators befanden sich die sanitären Anlagen. Natürlich waren die Toiletten ursprünglich nach vorne durch eine (hölzerne) Wand abgetrennt.

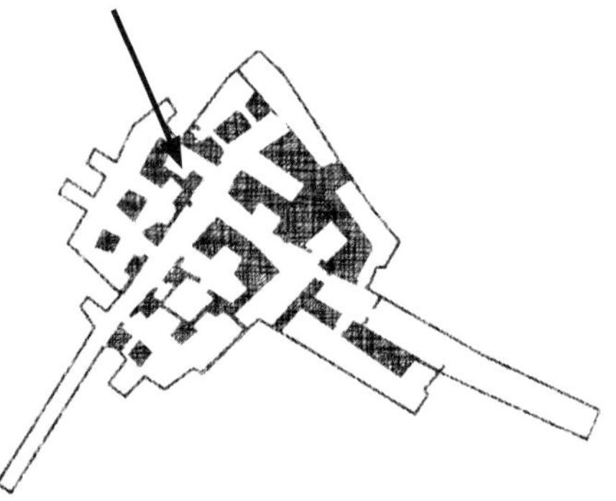

Die schwere Tresortür zum hinteren Bereich des Bunkers, zu den Zellen 1, 2 und 3. Diese Räume waren als erste mit den notwendigen technischen Einrichtungen versehen worden, um das Klima für die Lagerung von empfindlichen historischen Bildern, Manuskripten und diversen Gegenständen zu sichern.

Diese Türen befanden sich ursprünglich am Eingang zur Zelle 4

Heizkessel der Firma Fröling aus Bergisch-Gladbach, Baujahr 1969 (!) – versehen mit einem Röss-Ölbrenner (unten am Kessel). Teile der Anlage befanden sich zu diesem Zeitpunkt noch in Benutzung. Unter anderem wurden hier im Kunstbunker noch Bestände des Germanischen Nationalmuseums gelagert.

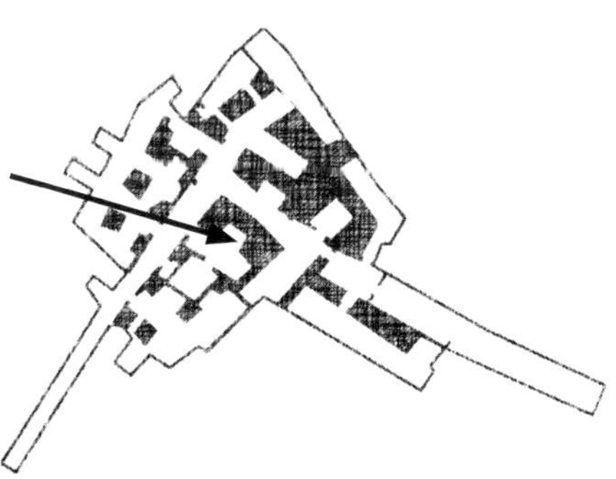

Teil der Klimaanlage; hergestellt von der Nürnberger Firma Gebrüder Groher.

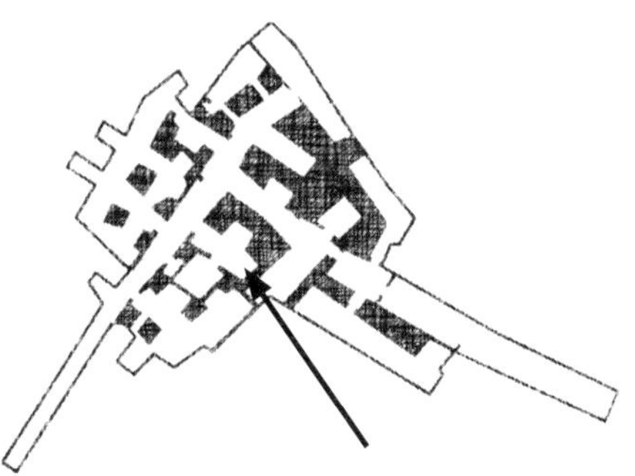

Die verbliebenen Batterien zum Starten des Notstromgenerators.

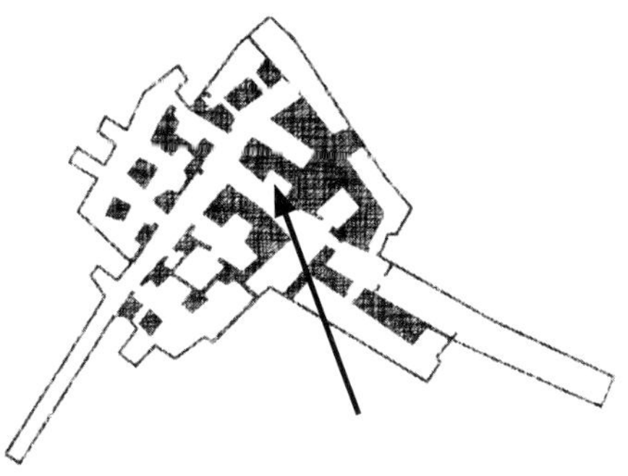

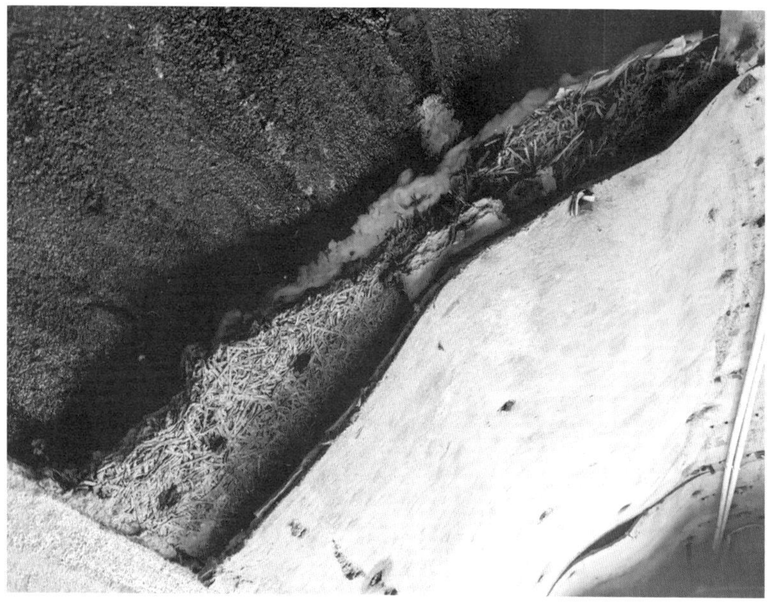

Schnitt durch die Schichten der Isolierung der Aufbewahrungszellen (zu Anschauungszwecken wurden die Lagen an einer Stelle in Zelle 4 freigelegt). Man sieht (von unten nach oben): Putz, Pappschicht, Heraklit-Platte, Isoliermaterial (Glaswolle), Teerpappe. Darüber (hier nicht mehr sichtbar) befindet sich eine Ziegelschicht, nochmals Teerpappe und eine weitere Ziegelschicht.

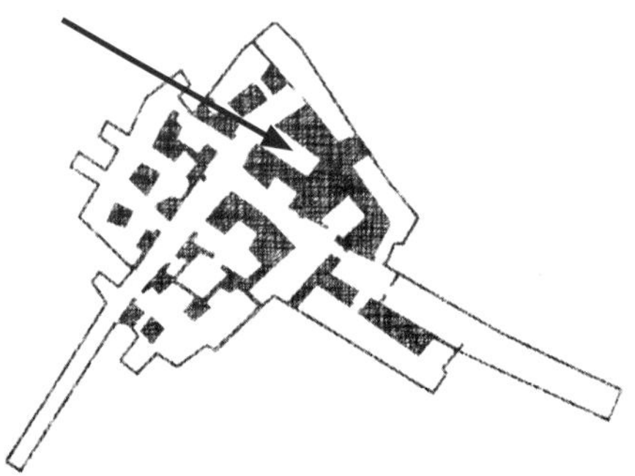

Ausstellungsobjekte: Originalausrüstung des Reichsluftschutzbundes. Ascheneimer, Feuerspritze / -löscher, Feudel und Sand zum Löschen von Phosphorbrandsätzen. In der Vitrine (von oben nach unten): »Volksgasmaske«, eine Kindergasmaske, Erste-Hilfe-Kasten, daneben ein verdunkelter Autoscheinwerfer.
Die Vitrine befindet sich in der Mitte der Rampe zum Eingang.

Dramatis Personae

Wie den Schilderungen dieses Buches zu entnehmen ist, hatten mit Sicherheit einige Leute, und nicht nur in Nürnberg, Kenntnis von der Aktion die Herrschaftsinsignien dem Zugriff der Alliierten zu entziehen. Zunächst einmal muss einer der »ganz Großen« des Regimes eingeweiht gewesen sein. Möglicherweise handelte Liebel sogar auf Befehl aus Berlin. Vieles spricht dafür, dass Heinrich Himmler schon 1944 informiert war – wenn die Sache nicht sowieso von ihm ausging. Es ist schwer vorstellbar, dass er Hitler nicht eingeweiht hat.

Mit Sicherheit wussten auch mehrere SS-Leute vom Verbergen der Insignien, denn aus diesen Kreisen heraus wurde bekanntlich die Geschichte vom Versenken der bedeutsamen Stücke im Zeller See lanciert.

Handelnde in Nürnberg aber waren Oberbürgermeister Liebel, Dr. Fries, Dr. Schmeißner und Lincke. Aufgeklärt hat den Fall der *Monument Man* Walter Horn.

Für diese vier Männer folgend nun jeweils ein kurzer Lebenslauf.

Friedrich Wilhelm Liebel

»Willy« Liebel wurde am 31. August 1897 in Nürnberg geboren. Sofort nach seiner Lehre in der väterlichen Druckerei meldete sich Liebel freiwillig zum Kriegsdienst im 1. Weltkrieg und war bis 1918 aktiver Soldat. Zurück in Nürnberg arbeitete er wieder im Familienbetrieb; ab 1926 war er dort Alleininhaber. Gedruckt wurden »völkische« Werke und teilweise auch »Der Stürmer«, das Hetzblatt des Verlegers Julius Streicher.

Am 16. April 1933 wurde Liebel (ohne Wahl) zum Oberbürgermeister der Stadt Nürnberg erklärt. Dieses Amt hatte er bis zum Kriegsende inne; auch während seiner Zeit als Leiter des Zentralamtes im Rüstungsministerium unter Albert Speer von 1942 bis 1944.

Liebel hatte Kontakte, auch private, bis in die höchsten Kreise der Nationalsozialisten. So schickte Hitler persönliche Glückwunschtelegramme zur Geburt der Kinder, eine der Töchter bekam zum dritten Geburtstag vom Führer einen Schäferhund geschenkt, Göring war Taufpate einer anderen.

Liebels Zeit als Bürgermeister war auch von andauernder Rivalität zu Julius Streicher und dem späteren Gauleiter Holz geprägt. Im Gegensatz zu den beiden genannten Fanatikern gilt er heute als »pragmatischer Nazi«, womit gemeint ist, dass er seine Verwaltungsaufgaben über die reine Propaganda stellte. Er distanzierte sich von der vulgären Hetze Streichers, was allerdings in keiner Weise seine Rolle im Unrechtsregime relativiert und als Bürgermeister zeichnete er sowieso für die Verfolgung und die Deportationen der Juden und anderer Minderheiten in Nürnberg verantwortlich. Liebel war mit Herz und Seele Nationalsozialist.

Um seinen Tod am 20. April 1945 ranken sich einige Gerüchte. Offiziell wurde er nach dem Krieg als Selbstmord eingestuft. Wirklich zweifelsfrei sicher ist aber nur, dass Liebel im Palmenhofbunker, dem letzten verbliebenen Nazi-Stützpunkt in der Stadt, durch einen Kopfschuss ums Leben kam. Sicher ist ebenfalls, dass er mit Holz (dem Nachfolger Streichers als Gauleiter) in heftigen Streit über die Ausführung von Hitlers »Nero-Befehl« geriet, der die Vernichtung wichtiger industrieller und infrastruktureller Anlagen vorsah, um sie nicht dem Feind in die Hände fallen zu lassen.

Mit letzter Gewissheit lässt sich nicht klären, ob Liebel nicht doch durch Holz oder auf dessen Befehl hin getötet wurde. Angesichts seiner Verehrung für Hitler, den er vielleicht nicht überleben wollte, und auch weil er nach Aussagen seiner Töchter bei seinem letzten Verlassen des Wohnhauses der Familie Gift für deren Selbstmord hinterließ, erscheint die Selbsttötung aber am wahrscheinlichsten.

Dr. Konrad Fries

Konrad Fries wurde am 15. Juli 1898 in Wassertrüdingen bei Dinkelsbühl geboren. Nach seinem Abitur am Humanistischen Gymnasium in München wurde er zum Kriegsdienst eingezogen. Vom Oktober 1916 bis Dezember 1918 war er, zuletzt als Leutnant der Reserve, Soldat im 1. Weltkrieg.

Von 1919 an absolvierte er eine juristische Ausbildung, die er 1925 mit dem zweiten Teil des großen Staatsexamens abschloss. Seine Karriere im juristischen Staatsdienst begann er 1925 als Regierungsassessor bei der Regierung von Oberfranken. Der NSDAP trat er 1935 bei. 1938 schied er aus dem Staatsdienst aus und wurde zum städtischen Rechtsrat in Nürnberg bestellt. In der Nürnberger Verwaltung übernahm er die Position des Leiters im neu geschaffenen städtischen *Dezernat XI Wehrangelegenheiten, Luftschutz und Ernährungsamt*.

Fries wurde am Tag der Nürnberger Kapitulation (20. April 1945) verhaftet und zunächst nach Frankfurt verbracht. Im Zuge der Ermittlungen um das Verschwinden der Reichskleinodien überstellte man ihn Anfang August zurück nach Nürnberg, wo er am 17. August offiziell von seinem Amt suspendiert wurde.

Im Zuge der Ermittlungen durch den Kunstschutzoffizier Walter Horn kam ans Licht, dass Fries maßgeblich an dem Diebstahl der Reichsinsignien beteiligt war. Nach Preisgabe des Verstecks wurde er zu fünf Jahren Freiheitsstrafe und einer Geldstrafe von 25000 Mark verurteilt. Dies vergleichsweise hohe Strafmaß gründete insbesondere auch auf dem Verdacht, Fries habe mit der »Rettung« der Kleinodien eine zukünftige Widerstandsbewegung »symbolisch« unterstützen wollen. Vor Gericht bestritt er diesen Vorwurf vehement und verwies auf seine Weitsicht, schon früh die Aussichtslosigkeit des Krieges erkannt zu haben. Von der Freiheitsstrafe musste Fries nur 20 Monate verbüßen, die Geldstrafe wurde schließlich ganz erlassen.

1948 wurde er gerichtlich als »Mitläufer« des NS Regimes eingestuft, was eine zukünftige Arbeit in der Verwaltung rechtlich ermöglichte. Fries war dann auch ab 1951 offiziell »Beamter zur Wiederverwendung« (mit Anspruch auf Übergangsgehalt), übte aber bis zu seinem Ruhestand 1960 keine Tätigkeit in der Verwaltung mehr aus. Er wirkte bis zu seinem Tod als freier Rechtsanwalt in Nürnberg.

Konrad Fries verstarb am 25.05.1983 in Nürnberg.

Dr. Heinz Schmeißner

Am 15. März 1905 wurde Heinz Schmeißner in Nürnberg geboren. Er entsprang einer Architekten – und Baumeister – »Dynastie« und folgerichtig absolvierte auch er ein Architekturstudium. Am Rande sei angemerkt, dass Schmeißner seine Kindheit in einer Wohnung im Fembohaus (heute Stadtmuseum und eines der wenigen repräsentativen Gebäude aus der Renaissance, welche die Zerstörung der Stadt mehr oder weniger überlebten) verbrachte.

Nach dem Abitur begann er ein Studium in München und war nach seinem Abschluss (1927) bis 1930 Baureferendar an der Oberpostdirektion München, wo er auch mit Robert Vorhölzer in Kontakt kam, der in seinem weiteren Lebenslauf eine bedeutsame Rolle spielte. Vorhölzer, mittlerweile Professor an der TU München, berief Schmeißner 1930 zu seinem Assistenten (bis 1933). Vorhölzer wurde 1935 wegen angeblicher »bolschewistischer Kunstgesinnung« entlassen und verließ Deutschland. Auch Schmeißner, der zu diesem Zeitpunkt im Stadtbauamt München beschäftigt war, war von der Kampagne gegen Vorhölzer betroffen und wurde 1936 entlassen. Er fand allerdings noch im gleichen Jahr Anstellung im Hochbauamt Nürnberg. 1937 trat Schmeißner der NSDAP bei. Damit war der Makel, der sich aus der Nähe zu Vorhölzer ergeben hatte, wohl ausgemerzt und 1940 wurde er Leiter des Hochbauamtes. Ab 1942 war er in dieser Funktion auch für Luftschutzbau, Kunstluftschutz und die Behebung von Bombenschäden zuständig.

Wie Konrad Fries wurde auch Schmeißner kurz nach Kriegsende gefangengenommen und schließlich wegen seiner Beteiligung am Verbergen der Reichskleinodien und Falschaussage zu einer mehrjährigen Haft- und hoher Geldstrafe verurteilt. Und ebenfalls wie Fries saß er nur einen Teil seiner Strafe im Gefängnis ab (22 Monate statt fünf Jahre) und musste die hohe Geldstrafe nicht bezahlen, sodass er bereits 1947 wieder als freier Architekt arbeiten konnte.

Im April 1948 wurde er als »Mitläufer« eingestuft. Sein früherer Lehrer Vorhölzer bescheinigte ihm in seinem Entnazifizierungsprozess, kein aktiver Nazi gewesen zu sein. Schon 1949 war Schmeißner wieder als Hochbaureferent in der Nürnberger Verwaltung tätig. In verschiedenen Positionen war er maßgeblich und oft federführend an der Planung des Wiederaufbaus der Stadt beteiligt. 1970 ging er, hoch geehrt, in den Ruhestand.

Heinz Schmeißner starb am 25. September 1997 in Nürnberg.

Julius Lincke

Julius Lincke wurde am 6. Juli 1909 in der Nähe von München geboren. Sein Architekturstudium schloss er 1933 ab und wurde Mitarbeiter im Landesbauamt in Nürnberg. Er wechselte dann ins Städtische Amt für Denkmalpflege, dem er von 1937 bis Kriegsende vorstand. In dieser Position war er unter anderem auch für den Kunstluftschutz verantwortlich.

Lincke war als Architekt in der Nazi-Zeit an einigen bedeutsamen Restaurierungen historischer Bauwerke beteiligt (z.B. Kaiserburg, Umbau der Kaiserstallung zur Reichsjugendherberge, Brücke am Vestnertor). Die Nürnberger Innenstadt sollte als Gegensatz zum »modernen« Reichsparteitagsgelände dem Idealbild der altdeutschen Stadt entsprechen und so wurden auch historisch fragwürdige »Rekonstruktionen« unter Linckes Leitung durchgeführt. Ein Beispiel dafür ist der »aufgemotzte« Erker am Heilig-Geist-Spital.

Lincke war nach dem Krieg als freier Architekt mit herausragenden Wiederaufbauprojekten in der Stadt betraut. Heilig-Geist-Spital, Kaiserburg, Lorenzkirche und viele andere bedeutende Bauwerke wurden teils unter seiner Leitung, teils mit seiner

Mithilfe wiederhergestellt. Lincke war somit vor und nach dem Krieg nicht selten bei Baumaßnahmen an ein und demselben Gebäude beteiligt, was ihm den Spitznahmen »der Mann, der alles zweimal baute« einbrachte.

Er war bis zu seinem Tod hoch engagiertes Mitglied beim Verein Altstadtfreunde e.V. und eine zentrale Figur beim Wiederaufbau von Nürnberg.

Julius Lincke verstarb 1991 in Nürnberg.

Walter Horn

Walter Horn wurde am 18. Januar 1908 in Waldangelloch in der Nähe von Sinsheim geboren. Nach seinem Studium in Heidelberg und Berlin dissertierte er 1937 in Hamburg als Kunsthistoriker mit dem Schwerpunkt Architektur.

1938 emigrierte Horn in die USA, wo er ab 1939 an der University of California in Berkley lehrte. 1943 wurde er als amerikanischer Staatsbürger naturalisiert und 1944 trat er der US-Army bei. Seine Ausbildung als Kunsthistoriker und die Tatsache, dass er neben Deutsch und Englisch auch fließend Französisch und Italienisch sprach, machten ihn zu einem idealen Kandiaten für die *MFAA Section of the Office of Military Government, die Monuments, Fine Arts and Archives*: er wurde »Kunstschutzoffizier« bei den *Monuments Men*.

Zu seinen Aufgaben gehörten nach Kriegsende insbesondere Verhöre von deutschen Kriegsgefangenen und Nazi-Offiziellen, bei denen es um den Verbleib von Raubkunst ging. Im Juli 1945 wurde er nach Nürnberg geschickt, um den Verbleib der Reichsinsignien aufzuklären. Intensive Recherche und seine geschickte Befragung von Konrad Fries führten schließlich dazu, den Verbleib der Stücke aufzuklären.

1946 nahm Horn seinen Abschied aus der Armee und kehrte an die University of California zurück, wo er schließlich 1975 als Professor Emeritus in den Ruhestand ging. Während seiner Zeit an der Universität betreute er neben seiner Lehrtätigkeit auch das University Art Museum (heute Berkeley Art Museum and Pacific Rim Archive). Er war Autor viel beachteter kunsthistorischer Werke und Mitglied einiger Fachorganisationen.

Walter Horn starb am 26. Dezember 1995 an einer Lungenentzündung in Point Richmont, Kalifornien.

Die Monuments WoMen

In der »Haager Landkriegsordnung« hatten sich schon 1907 die 41 Unterzeichnerstaaten (praktisch alle damals souveränen Staaten) verpflichtet, neben den Kernvereinbarungen, wie etwa Nicht-Kombattanten zu verschonen oder die Rechte von Kriegsgefangenen festzuschreiben, im Konfliktfall auch Kulturgüter jeglicher Art zu schützen und vor Zerstörung zu bewahren. Im Ersten Weltkrieg wurde allerdings bald darauf auf beiden Seiten deutlich, dass diese Vereinbarung mehr oder weniger Makulatur war. Leere Worte, denn Kunstraub sowie Beschädigung oder gar Vernichtung von Kulturgütern kam häufig vor. Auch in diesem Punkt stellte sich die »Haager Landkriegsordnung« in der grausamen Realität des Krieges als ein zahnloser Tiger heraus.

Im Zweiten Weltkrieg, im Jahr 1943, wurde eine Abteilung der US-Army ins Leben gerufen, die den *Civil Affairs and Military Government Sections* unterstellt war. Die *Monuments, Fine Arts, and Archives Section* (MFA&A, auch MFAA) bestand bis 1946 und die in ihr organisierten Männer und Frauen erlangten erstaunlicherweise erst mit dem 2013 ins Kino gekommen Film von George Clooney breite öffentliche Aufmerksamkeit. Bis dahin waren sie in erster Linie nur (Kunst-) Historikern bekannt, obwohl ihre Arbeit im wahrsten Sinne des Wortes unschätzbar wertvoll war.

Die *Monuments (Wo)Men* hatten einerseits die Aufgabe, versteckte, geraubte, verschollene Kunstwerke aufzuspüren und andererseits, Kulturschätze jeder Art in den Kampfzonen und den von den Alliierten (zurück-)eroberten Gebieten vor Zerstörung und Plünderung zu bewahren. Meist knapp hinter den kämpfenden Einheiten an der Front agierend, fuhren sie kreuz und quer durch ganz Europa. Sie spürten die Kunstbergungsanlagen des Nazi-Regimes auf, sie fanden die Bestände aus den deutschen Museen und

– natürlich – die kaum zu glaubende Menge an Raubgut. Die Aufgabe war nicht nur zu retten, sondern auch zu katalogisieren und letzen Endes die Rückgabe an die rechtmäßigen Besitzer einzuleiten. Hier ist noch ein Superlativ angebracht: die größte Schatzsuche der Geschichte.

In zentralen Sammelstellen (*Central Collecting Points* (CCS)), insbesondere in München, Wiesbaden, Marburg und Offenbach, wurden die meisten der beweglichen Sachen nach ihrem Auffinden zusammengeführt und erfasst. Schutz und Reparatur von bedeutsamen Gebäuden und ortsgebundenen Kunstwerken gehörten aber ebenfalls zu den Aufgaben. Nach dem Krieg leiteten die *Monuments (Wo)Men* auch die Rückführung ein, deren Schwierigkeiten und teils zweifelhafte Ausführung jedoch nicht Thema dieses Buches ist. Auch die rechtmäßig aus deutschen Museen und Sammlungen gelagerte Kunst wurde restituiert. Man sagt daher sogar, dass letzten Endes und angesichts der exorbitanten Zerstörung der Städte, kein anderes Land bei der Rettung seines Kulturerbes mehr von der Arbeit der *Monuments (Wo)Men* profitiert hat, als Deutschland selbst.

Die Arbeit der *Monuments (Wo)Men* war nicht immer ungefährlich. Soweit sich das anhand verschiedener (und sich manchmal widersprechender) Quellen nachvollziehen lässt, sind mindestens 15 Soldaten dieser Spezialeinheit während der Kampfhandlungen in Europa gefallen.

Im Oktober 2015 wurden die Monuments WoMen mit der höchsten zivilen Auszeichnung der Vereinigten Staaten, der Congressional Gold Medal, geehrt. Vier der zu diesem Zeitpunkt sechs noch lebenden Mitglieder der Truppe waren anwesend: Richard Barancik, Harry Ettlinger, Motoko Huthwaite und Bernard Taper.

Monuments (Wo)Men Namensliste

Es ist erstaunlich schwierig eine vollständige, fehlerfreie Aufstellung aller *Monuments WoMen* zu erstellen. Die folgende Liste wurde von Cpt. Edith A. Standen anhand von Personallisten zusammengestellt und mit dem offiziellen Bericht der Roberts Comission, der 1946 Präsident Truman übergeben worden war, abgeglichen.

Einige Personen waren nur am Rande oder bei einzelnen Einsätzen mit Aufgaben innerhalb der MFAA betraut, ein paar wenige tauchen in den ursprünglichen beiden Listen gar nicht auf. Sie sind, bei zweifelsfreier Mitarbeit, hinzugefügt worden. Bei ihnen ist gelegentlich kein Vorname angegeben. Beim Vergleich der Quellen kam es auch vor, dass nicht- englische Namen unterschiedlich geschrieben wurden. Man kann davon ausgehen, dass es auch in Zukunft noch Änderungen geben wird, denn der komplette Aktenbestand ist noch lange nicht durchforstet.

Über 20 Frauen sind hier gesichert aufgeführt und dankenswerter Weise hat sich die Organisation, die sich der Erinnerung an die Kunstschutzoffiziere widmet, entsprechend umbenannt: sie heißt heute *Monuments Men and Women Foundation*.

In alphabetischer Reihenfolge hier nun zum Gedenken an die »ungewöhnlichen Helden« (so der Untertitel des Films von George Clooney aus dem Jahr 2013) die Namen der *Monuments (Wo)Men*. Wir haben in dieser Liste auf die Angabe des Dienstgrades verzichtet. Die meisten Monuments (Wo)Men hatten Offiziersrang.

Adams, Edward E., Jr.
Albright, Frank P.
Amand, Marcel
Anderson, Harry V.
Apgar, Horace V., Jr.
Appel, William B.
Archey, Gilbert
Armstrong, Robert G.
Arnold, John G.
Baillie Reynolds, Paul K.
Baillie, Hugh M. G.
Balfour, Ronald Edmond
Barancik, Richard M.
Baudouin, Frans S.
Bell, Harry E.
Bencowitz, Isaac
Bernholz, Charles
Bilodeau, Francis W.
Boardman, Edward T.
Boell, Jesse E.
Bleecker, Paul O.
Bonilla y Norat, Felix J.
Bonzom, Eugene
Boon, Dr. Karel G.
Born, Lester K.
Boruch, Edward J.
Bovio, Flora E.
Bowie, Barbara H.
Bradford, John S. P.
Breitenbach, Edgar
Broerman, Paul
Brooke, T. Humphrey
Brown, John Nicholas II
Bryant, William C.
Buchman, Julius H.
Buckingham, Russell J.
Bumbar, Julianna
Burks, B. D.
Busey, C.
Callon, Margaret
Carr, Allan E. J.
Casson, Stanley
Chadwick, Gordon O.
Charles, Rollo
Cheguillaume, M. J.
Chevigny, Prince
Child, Sargent B.
Clarke, Roger A.
Clem, Harold J.
Conrad, Doda
Cook, J. M.
Cook, James O.
Cooper, Douglas
Coremans, Paul B.
Corrigan, Gordon F.
Cott, Perry B.
Coulter, J. Hamilton,
Coyne, Terence A.

Croft-Murray, Edward
Davie, L. G.
Davis, Clyde J.
Davis, Richard S.
Dawson, Eric A.
de Beaufort, R. F. Paul
de Beer, Joseph C. E.
de Brye, Hubert
de La Boulaye, Paul Lefebvre
de Marteau, P. G.
de Villaret, J. M. Bulla
de Vries, A. B.
Defino, Nicholas J.
Delsaux, Jenny
DeVinna, Maurice A., Jr.
DeWald, Ernest T.
DeWitt, Roscoe P.
Dignam, Celia
DiRaimondo, Charles J.
Dixon-Spain, John E.
Dlugosz, Louis F.
Doane, Gilbert H.
Domien, Andrea
Donn, D. L.
Doubinsky, Elie J.
Downey, Glanville
Dreyfus, Carle
Druane, Bernard
Duchartre, P. L.
Dunbabin, Thomas J.
Eden, Peter
Ellis, Roger H.
Enthoven, Roderick E.
Ermatinger, Sgt. Charles J.
Estreicher, Karol, Jr.
Ettlinger, Harry L.
Faison, S. Lane, Jr.
Farmer, Walter I.
Fleetwood-Hesketh, Charles P.
Fleischner, Charles M.
Florisoone, Michel
Ford, Dale V.
France, Leys A.
Francois, Michel
French, T. W.
Fuller, Ambrose
Gabriel, Richard F.
Gallagher, Charles F.
Gangnat, Philippe
Gardner, J. Paul
Gear, William
Giuli, Thomas
Glass, Robert C.
Goldberg, S. L.
Goodison, John W.
Gould, Cecil
Granger-Taylor, Jerry
Graswinckel, Dr. Dirk P., Jr.

Grier, Harry D. M.
Grinbarg, Morris S.
Hald, William A.
Hall, Ardelia R.
Halsall, Earl B.
Hammett, Ralph W.
Hammon, Stratton
Hammond, Mason
Hammond, N. G. L.
Hancock, Walker K.
Hansen, Robert W.
Harbord, Felix
Harris, Clyde K.
Hartigan, John D.
Hartt, Frederick
Harvey, John
Hathaway, Calvin S.
Huthwaite, Motoko F.
Hauschildt, Kurt F.
Haynes, Denys E. L.
Hayward, John F.
Heinrich, Theodore A.
Henderson, Harold G.
Henraux, Albert S.
Henry, Alfred
Hensley, Richard G.
Higgins, Stephen
Hocart, Raymond
Holland, Eleanor S.
Hollis, Howard C.
Holmen, Rodger V.
Horn, Walter W.
Horne, Joseph A.
Howard, Richard F.
Howe, Thomas Carr, Jr.
Huberman, Harry
Huchthausen, Walter J.
Hugoboom, R. Wayne
Hutchinson, Lucy
Hyslop, Paul
Jacka, Stella P. T.
Jaffe, Hans C. L.
Jaujard, Jacques
Jefferson, Leslie W.
Jenkinson, Sir Charles H.
Jennings, Robert J., Jr.
Johnson, Lorin K.
Kates, George N.
Kavli, Guthorm
Keck, Sheldon W.
Keezer, Marcel B.
Kelleher, Patrick J.
Keller, Deane
Kern, Daniel J.
Keyes, James H.
King, Donald B.
Kinzie, Joseph R.
Kirstein, Lincoln E.

Koberstein, Freeman G.
Koch, Albert C., Jr.
Koch, Robert A.
Kormendi, Andre
Kovalyak, Stephen
Kuhlke, Richard H.
Kuhn, Charles L.
Lacey, George T.
LaFarge, L. Bancel
Langui, Emile
Lardner, Walter C.
Larwood, James B.
Lazarev, Victor N.
Lee, Sherman E.
Lehmann-Haupt, Hellmut Emil
Lemaire, Raymond M.
Leonard, H. Stewart
Lesley, Everett Parker, Jr.
Lindsay, Kenneth C.
Lovegrove, William A.
Lucia, Angelo P.
Maehler, Wolfgang
Markham, Sydney F.
Markus, Werner
Marriott, Basil
Maxse, Fred H. J.
McCain, William D.
McDonnell, A. J. L.
McDowell, E.
McGinn, Elizabeth
Meekings, Cecil A. F.
Merrill, Keith
Merrill, Richard P.
Methuen, Lord Paul A.
Miller, Robert M.
Minet, Marcelle
Mitchell, Charles
Monroe, Robert H.
Moore, Lamont
Morey, Jonathan T.
Munby, A. N. L.
Munsing, Stefan P.
Mutrux, E. J.
Myers, Denys P.
Newton, Henry C.
Newton, Norman T.
Nicholls, John F.
Norins, Leslie H.
Norris, E. Christopher
Ossorio, Frederic E.
Parkhurst, Charles P.
Pascale, D.
Peck, Edward S.
Peebles, Bernard M.
Pennoyer, A. Sheldon
Perry, Lionel G.
Phillips, Ewan
Phillips, John Marshall

Pilliod, Henri E.
Pinsent, Cecil R.
Plaut, James S.
Pleasants, Frederick R.
Plumer, James M.
Pomrenze, Seymour J.
Popham Bell, Anne
Popham, Walter D.
Posey, Robert K.
Poste, Leslie I.
Potts, Georgiana
Preston, Stuart, Jr.
Prinet, Jean
Prochaska, Ladislav L.
Propst, Kenneth H.
Quessenberry, Mary J. Regan,
Rae, Edwin C.
Ratensky, Samuel
Reeds, James A.
Reeds, John N.
Risom, Ole C.
Ritchie, Andrew C.
Rivoir, James H.
Robertson, Giles H.
Röell, Dr. D. C.
Rogin, Martin
Rorimer, James J.
Rosenbaum, Sam
Ross, Marvin C.
Ross, Michael C.
Rousseau, Theodore, Jr.
Rouvier, Jean
Sage, R. W.
Sakin, Eugene
Sami, Rouben
Sampson, Selena J.
Sanchez, Manuel
Sattgast, Charles R.
Sawyer, Charles H.
Scarff, John H.
Scarpitta, Salvatore C., Jr.
Schmidt, Gerlot W.
Schoonbrood, Jack
Selke, George A.
Shepherd Payer, Dorothy G.
Shipman, Fred W.
Shrady, Frederick C.
Sickman, Laurence C. S.
Sizer, Theodore
Skelton, Dorothy G. S.
Skelton, R. A.
Skilton, John D., Jr.
Smyth, Craig Hugh
Sponenburgh, Mark R.
Stach, H. J.
Standen, Edith A.
Steer, Kenneth
Stiner, Walter

Stopek, Harry E.
Stout, George L.
Stroell, Barbara
Taper, Bernard
Taylor, Katherine W. W.
Thornton, Asa M.
Tierney, Patrick Lennox
Tregor, Nison A.
Tucker, Evelyn
Valland, Rose
van der Haut, Hendrik
van Nortwick, William B.
van Puyvelde, L.
Vanderbilt, Paul
Vanuxem, Jacques
Verschoor van Nisse, R. J.
Vlug, Jan
Vorenkamp, Alphonsus P. A.
Vrecko, Frant
Vroom, Dr. N. R. A.
Wagstaff, Gerald F. T.
Walker, William
Ward-Perkins, John B.
Warner, Langdon
Waterhouse, Sir Ellis K.
Watson, Mark
Waugh, Sidney B.
Webb, Geoffrey F.
Westland, Althea
Whatmough, Joshua N.
Wheeler, Sir Mortimer
Wijsenbeek, L. J. F.
Wilkes, David G.
Willard, Edward N.
Willess, Lester M.
Williams, Lewis S.
Willmot, George F.
Winkler, Erik
Wittmann, Otto, Jr.
Wolff, Mme.
Woolley, Sir Charles L.
Yoda, Takayoshi
Young, David K.
Yuill Ralph W.
Zimmermann, Jean E.

Vorname unbekannt:
Chance, ?
Dierkauf, ?
Dollfus, ?
Lewis, ?
Mast, ?
Merola, ?
Munich, ?
Taylor, ?
Walsh, ?

Danksagung

Ich möchte mich bei der Illustratorin Susanne Habermann bedanken, die geduldig alle Sonderwünsche zur Ausführung der Zeichnungen »ertragen« hat. Der Historiker Dr. Martin Baumeister hat einfühlsam den Text lektoriert und auf geschichtliche Korrektheit geprüft. Die Druckerei Nordmann (Jerusalem) hat anstandslos das mehrmalige Verschieben des Drucktermins hingenommen: Vielen Dank auch Ihnen, Herr Nordmann.

Mein ganz besonderer Dank gilt dem *Förderverein Nürnberger Felsengänge e.V.*, der die öffentlichen Führungen im »Historischen Kunstbunker« anbietet und mir unbürokratisch Zugang zu der Anlage gewährt und Bildzitate erlaubt hat. Darüber hinaus durfte ich auf das Vereinsarchiv zugreifen, das als Grundbaustein und Ansatzpunkt für die Recherche von großem Wert war. Allen Vereinsmitgliedern, die daran gearbeitet haben, gebührt ausdrücklich ganz spezieller Dank!

An dieser Stelle sollte auch auf die unzähligen Mitarbeiter von nationalen und internationalen Stiftungen, Archiven und Organisationen hingewiesen sein, deren Arbeit das vorliegende Buch überhaupt erst ermöglicht haben.

Quellen

Angegeben sind die wichtigsten Quellen die benutzt wurden, um die Angaben in diesem Buch zu verifizieren. Anzumerken wäre, dass noch viele Hinweise und einzelne Anmerkungen aus unterschiedlichsten Quellen hilfreich waren, die aber an dieser Stelle keine gesonderte Erwähnung finden, weil sie z.B. lediglich Randbemerkungen oder Querverweise in Publikationen oder auf Internetseiten waren, deren Inhalt nur ganz am Rande das hier erörterte Thema berühren.

Archive

- Archivportal Deutsche Digitale Bibliothek
- Forschungsgruppe Untertage e.V.
- Förderverein Nürnberger Felsenkeller e.V.
- Jüdisches Museum Berlin
- Katalog der Deutschen Nationalbibliothek
- Monuments Men and Women Foundation
- Smithsonian Archives of American Art
- Stadtarchiv Nürnberg

Online Archive Presse

- Frankfurter Rundschau
- Momentum Magazin
- MDR Thüringen
- Nürnberger Nachrichten
- rheinische ART. kulturMagazin online
- Spiegel Online

Publikationen

- Baureferat Nürnberg; Broschüre zum 100. Geburtstag von Heinz Schmeißner
- Bradley, Omar N.; A Soldier's Story (1951)
- Bradsher, Greg; Nazi Gold: The Merkers Mine Treasure (National Archives at College Park, 1999)
- Braun, Matthias Klaus; Hitlers liebster Bürgermeister – Willy Liebel (Nürnberger Werkstücke zur Stadt- und Landesgeschichte 71; Nürnberg 2012)
- Haus der Geschichte; Atlas zum Wiederaufbau
- Herppich, Walter; Das unterirdische Nürnberg (Verlag Albert Hofmann, 1987)
- Hosbach, Ulrike; Raubgold (FHI, 2001)
- Regan, Mary J.; Bericht an das Hauptquartier der Militärregierung vom 19. März 1946
- Schawe, Martin; Jahresbericht Bayerische Staatsgemäldesammlungen 2017
- Schawe_Van_Eyck_in_Neuschwanstein_2017.pdf (https://archiv.ub.uni-heidelberg.de/artdok/6065/1/)
- Untertage e.V. (https://fgut.wordpress.com/bauwerke/wk2/ziviler-luftschutz/bunker/tiefbunker/nurnberg/nurnberg-kunstbunker/

Einzelne Presse-Artikel in Zeitungen, Magazinen …

- Böhm, Roland (Merkers, DPA) 2005
- Focus Online (19.11.2013)
- Foppa, Daniel; Tagesanzeiger Online (12.11.2008)
- Mayer; Nürnberger Nachrichten (Mayer; 20.04.2018)
- Raffler, Markus; Augsburger Allgemeine (08.02.2014)

Internet (direkte Links)

- WikiPedia (diverse Artikel zum Thema, insbesondere die weiterführenden Links)
- https://www.karl-heupel.de
- Webseite Secret Agent Ltd. (Kunstdektei)
- https://de.wikibrief.org/wiki/Nazi_storage_sites_for_art_during_World_War_II
- https://de.wikibrief.org/wiki/Merkers-Kieselbach
- https://www.rheinische-art.de/cms/topics/zeitgeschichte-monuments-men---kunstschuetzer-in-uniform-kulturgueterschutzoffizier.php
- https://fgut.wordpress.com/bauwerke/wk2/ziviler-luftschutz/bunker/tiefbunker/nurnberg/nurnberg-kunstbunker/
- http://www.widdershausen.de/goldreserven.html

- https://commons.wikimedia.org/wiki/Category:Paniersbunker_(Nuremberg)?uselang=de
- www.deutschlandmalanders.com/der-historische-kunstbunker-in-nuernberg/
- ttps://www.hotel.de/citymoments/nuernberg/weltkriegsbunker/
- https://de.wikibrief.org/wiki/Nazi_storage_sites_for_art_during_World_War_II
- Hellwig, Raimund; Webseite evangelisch.de (2014)
- https://open-the-door.com/tag/schatz-von-merkers/
- https://www.kunstdetektei.de/kunst/ns-raubkunst/
- https://www.tagesanzeiger.ch/der-groesste-kunstraub-der-geschichte-511489915552
- https://www.focus.de/kultur/kunst/groesste-pluenderung-der-geschichte-raubkunst-schau_id_2773543.html

DDB

- https://www.nordbayern.de/region/nuernberg/fuhrung-zu-wirkungsstatten-des-denkmalpflegers-julius-lincke-1.547298
- https://portal.dnb.de/opac.htm?method=simpleSearch&cqlMode=true&query=nid%3D143931814

Bilderverzeichnis

FÜRTHER
Bier
DIE FÜRTHER BRAUEREIEN
VON DER INDUSTRIALISIERUNG
BIS INS 21. JAHRHUNDERT
VERLAG
Stefan Städtler-Ley

VERLAG
Stefan Städtler-Ley